高等职业教育"互联网+"新形态一体化系列教材
城市轨道交通类高素质技术技能型人才培养教材

城市轨道交通
客运组织

主　编◎鲁　娥　吴梦倩
副主编◎徐小玉　朱　昱
　　　　李　涛　宋丽梅

华中科技大学出版社
http://www.hustp.com
中国·武汉

图书在版编目(CIP)数据

城市轨道交通客运组织/鲁娥,吴梦倩主编. —武汉:华中科技大学出版社,2022.6
ISBN 978-7-5680-8331-7

Ⅰ.①城… Ⅱ.①鲁… ②吴… Ⅲ.①城市铁路-铁路运输-旅客运输-行车组织 Ⅳ.①U239.5

中国版本图书馆 CIP 数据核字(2022)第 088467 号

城市轨道交通客运组织
Chengshi Guidao Jiaotong Keyun Zuzhi

鲁 娥 吴梦倩 主编

策划编辑:	张 毅
责任编辑:	段亚萍
责任监印:	朱 玢
出版发行:	华中科技大学出版社(中国·武汉)　电话:(027)81321913
	武汉市东湖新技术开发区华工科技园　邮编:430223
录　排:	武汉创易图文工作室
印　刷:	武汉市籍缘印刷厂
开　本:	787mm×1092mm　1/16
印　张:	16.75
字　数:	412 千字
版　次:	2022 年 6 月第 1 版第 1 次印刷
定　价:	49.80 元

本书若有印装质量问题,请向出版社营销中心调换
全国免费服务热线: 400-6679-118　竭诚为您服务
版权所有　侵权必究

前　言

近年来,我国城市轨道交通网络化发展越来越完善,与全国交通运输系统的融合不断加深,一方面提高了综合运输效率,同时高效人员流动使得城市轨道交通经营环境逐渐复杂化。公众已普遍适应了信息技术、通信技术、大数据和人工智能技术带来的便捷,对城市轨道交通系统的速度延误、服务延迟容忍度变低,客流量增加、客流组成多样化、城际客流交换加速进一步增加了客流安全风险和客流管控难度,因此,需要大量专业技能过硬的一线运营管理人才科学、高效地组织城市轨道交通车站客流。

"城市轨道交通客运组织"是城市轨道交通专业的核心课程,编写初衷和过程贯彻《国家职业教育改革实施方案》要求,框架设计遵循"德技并修、育训结合"理念,按照"站务员→值班员→值班站长"工作过程和典型任务设计了班前准备、组织平峰期客流、组织早晚高峰期客流、组织节假日大客流、突发客流组织、特殊客运服务、班后管理7大项目,通过完成25个任务驱动项目教学目标实现,实现了学练结合、理实一体;教学内容对接科技发展趋势和市场需求,全面对接1+X城市轨道交通站务职业技能等级证书、城市轨道交通运营与服务相关法律规范和企业岗位标准、最新技术,提高人才培养与企业需求的契合度。

本书由常州工业职业技术学院鲁娥、吴梦倩担任主编,负责全书框架和编写思路的设计及全书的统稿工作,常州工业职业技术学院徐小玉、朱昱、李涛和杨凌职业技术学院宋丽梅担任副主编。具体分工如下:项目3、项目5由鲁娥编写;项目2任务1、任务2和项目4由吴梦倩编写;项目2任务3~任务6由徐小玉编写;项目6由朱昱编写;项目1任务2~任务4由李涛编写;项目1任务1和项目7由宋丽梅编写。

本书在编写过程中得到了合肥地铁、广州地铁、无锡地铁等公司的大力支持,参考引用了部分城市轨道交通企业的运营资料及相关文献,在此表示衷心的感谢。本书还参考引用了许多国内外专家、学者发表的有关城市轨道交通的文献,在此谨向有关专家及部门致以衷心的感谢。

由于编者水平有限,书中不足之处,敬请读者批评指正。

编　者
2022年4月

目　录

项目1　班前准备 ... 1
- 任务1　车站开站管理 ... 1
- 任务2　车站客流规律分析与管理优化 ... 18
- 任务3　仪容准备 ... 36
- 任务4　交接班工作 ... 45

项目2　组织平峰期客流 ... 55
- 任务1　车站巡视 ... 55
- 任务2　车站客流巡视 ... 71
- 任务3　接发列车 ... 90
- 任务4　乘客票卡问题(BOM)处理 ... 99
- 任务5　乘客票卡(TVM)处理 ... 112
- 任务6　乘客问询服务处理 ... 122

项目3　组织早晚高峰期客流 ... 132
- 任务1　分类安检 ... 132
- 任务2　客流引导 ... 149

项目4　组织节假日大客流 ... 159
- 任务1　大客流前准备 ... 159
- 任务2　大客流方案实施 ... 165
- 任务3　大客流后处理总结 ... 175

项目5　突发客流组织 ... 180
- 任务1　发生火灾客流组织 ... 180
- 任务2　列车故障客流组织 ... 191
- 任务3　安全事件客流组织 ... 198
- 任务4　不良天气客流组织 ... 209

项目6　特殊客运服务 ... 218
- 任务1　客伤处理 ... 218

任务 2　屏蔽门有异物处理 ·· 225
任务 3　乘客投诉处理 ·· 230
任务 4　乘客遗失物品处理 ·· 236

项目 7　班后管理 ··· 242
任务 1　班后准备 ·· 242
任务 2　关站 ··· 255

参考文献 ·· 259

项目 1
班前准备

任务 1　车站开站管理

扫码查看
项目资源

学习目标

1. 知识目标：
- 熟悉车站布局；
- 了解车站岗位职责；
- 掌握车站日常开站作业流程。

2. 技能目标：
- 熟悉车站内部结构及设备设施的数量、位置、状态等情况；
- 熟悉车站日常开站作业流程及作业内容。

3. 素质目标：
- 遵守安全至上原则，深刻认识到小错误可能导致大灾害；
- 坚守岗位职责，不偷懒，防微杜渐；
- 强化时间观念，准时完成地铁车站开站作业内容。

发布任务

地铁车站是地铁系统客运服务最重要的基础设施，地铁车站开站管理是车站日常管理的必要组成部分，掌握开站程序是本次任务的重要内容。下图为某地铁车站结构示意图。首先，教师引导学生分析车站内部结构，了解车站出入口数量及位置，车站电扶梯分布情况，车站闸机、自动售票机、自动充值机分布情况；其次，分小组、分角色演练地铁车站开站作业流程。

落实任务

（1）了解车站运营时间相关信息。

①车站运营时间：

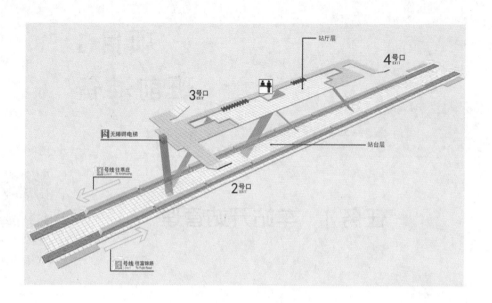

②车站上、下行方向首班车到达本站时间：

(2) 了解车站设备设施情况：

序号	设备设施名称	设备设施情况说明（数量和位置）
1	车站出入口	
2	电扶梯	
3	垂直电梯	
4	自动售票机	
5	自动充值机	
6	闸机	

(3) 岗位分配：

序号	岗位名称	工作内容	姓名
1	值班站长		
2	行车值班员		

续表

序号	岗位名称	工作内容	姓名
3	客运值班员		
4	站台岗		
5	厅巡岗		
6	客服中心岗		
7	保洁员		

(4)按照车站开站作业流程将以下选项填入表格中完成车站开站工作。

a. 根据电调命令,开启环控系统、照明系统等,注意检查公共区导向灯箱是否正确。
b. 完成卫生间清扫工作。
c. 给客服中心岗配好票。
d. 将运营前检查情况汇报给行车调度员。
e. 向乘客广播候车的注意事项。
f. 完成自动售票机加币、加票工作,并检查AFC设备是否处于正常运营状态。
g. 完成车站出入口开启工作。
h. 巡视全站,确认符合开站标准,完成扶梯、升降梯开启工作。
i. 完成运营前检查。
j. 到岗并锁闭边门。
k. 领齐备品到岗。

序号	时间	责任人	内容
1	首班不载客列车出场前60分钟	值班站长	
2		行车值班员	
3	首班不载客列车出场前30分钟	行车值班员	
4	首班载客列车到站前30分钟	值班站长	
5		行车值班员	
6		客运值班员	
7	首班载客列车到站前15分钟	保洁员	
8	首班载客列车到站前12分钟	客服中心岗	
9	首班载客列车到站前10分钟	值班站长	
10		站台岗	
11	开站后	行车值班员	

评价反馈

评分项目	分值	自我评价得分	教师评价得分
工作页已完成(全部完成 10 分,其余 0 分)	10		
了解车站布局	10		
了解车站运营时间相关信息	5		
熟悉车站岗位职责	5		
掌握车站日常开站作业流程及作业内容	20		
总分			

知识要点

一、地铁车站定义

车站是城市轨道交通的重要组成部分之一,它必须具有供乘客乘降、换乘的功能,某些车站还必须提供折返、停车修检、临时待避与存放车辆的功能。因此地铁车站应保证旅客使用方便、安全,迅速地进出车站,并有良好的通风、照明、卫生、防火设备等,给旅客提供舒适、清洁的环境(见图 1-1)。

图 1-1　地铁车站

二、地铁车站组成

按照车站建筑空间位置分,地铁车站由车站主体(站台、站厅、设备用房、生活用房)、出入口及通道、附属建筑物(通风道、风亭、冷却塔等)三大部分组成。

按照车站的使用功能分,地铁车站由站厅、站台、设备区三部分组成,站厅由非付费区和付费区组成。非付费区设置售票、咨询、商业、服务设施等;付费区是乘客通过闸机或免费通道进入站台候车前应经过的区域;设备区设置在站厅和站台的两端。

三、地铁车站分类

1. 按车站与地面的相对位置分类

按车站与地面的相对位置,地铁车站一般可分为地下站、地面站、高架站。

1)地下车站

地下车站(见图1-2)的线路位于地下隧道中。

优点:与地面交通完全分离,不占用城市地面和地上空间,基本不受地面气候的影响。

缺点:需要较大的投资,较高的施工技术,较先进的管理,完善的环控、防灾措施与设备;运营成本较高;改造、调整与维护比较困难。

2)地面车站

地面车站(见图1-3)一般采用独立路基的方式,以减少与地面道路交通的互相干扰。

优点:造价低,施工简便,运营成本低,线路调整与维护容易。

缺点:运营速度难以提高,占地较多,影响城市道路交通,容易受气候的影响,乘车环境难以改善,有噪声,影响景观等。

图1-2 地下车站

图1-3 地面车站

3)高架车站

高架车站(见图1-4)设在高架工程结构物上,与地面交通无互相干扰。

优点:其造价介于地下车站与地面车站之间,在施工、维护、管理、环控、防灾等方面比地下车站方便。

缺点:要占用一定的城市用地,并有光照、景观、噪声等负效应,还受气候影响。

2. 按车站的功能分类

中间站:只供乘客乘降用,所以此类车站的数量最多。

折返站:在中间站设有折返线路设备的即称为折返站,一般在市区客流量大的区段设立,地铁列车可以在这些站点掉头往回走,避免开回终点站再往回走花费更多的时间,这样可以满足大客流时运输乘客的需要,同时节省运营开支。

换乘站:一般是两条以上地铁线路的交汇站,是既用于乘客乘降,又为乘客提供换乘的车站。

终点站:地铁线路两端的车站,除了供乘客上下或换乘外,通常还供列车停留、折返、临修及检修使用。

3. 按站台形式分类

侧式站台:位于上、下行行车线路的两侧,这种站台布置形式称为侧式站台(见图1-5)。

图 1-4　高架车站

图 1-5　侧式站台

岛式站台:位于上、下行行车线路之间,这种站台布置形式称为岛式站台(见图1-6)。

图 1-6　岛式站台

混合式站台:将岛式站台及侧式站台同设在一个车站内,具有这种站台形式的车站称为岛、侧混合式站台车站(见图1-7)。

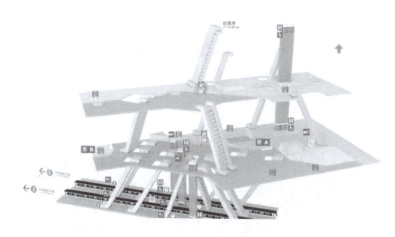

图 1-7　混合式站台

岛式站台和侧式站台优缺点比较如表 1-1 所示。

表 1-1　岛式站台和侧式站台优缺点比较

	岛式站台	侧式站台
站台使用	站台面积利用率高,可调节客流,乘客有乘错车的可能	站台面积利用率低,不能调节客流,乘客不易乘错车
站厅设置	站厅与站台需设在两个不同高度上,站厅跨过线路轨道	站厅与站台可设在同一高度上,站厅可不跨过线路轨道
站内管理	管理集中,联系方便	站厅分设时,管理分散,联系不方便
乘客中途折返	乘客中途改变乘车方向比较方便	乘客中途改变乘车方向不方便,需经过天桥或地道
改扩建难易性	改扩建时,延长车站很困难,技术复杂	改扩建时,延长车站比较容易
站内空间	站厅、站台空间宽阔完整	站厅分设时,空间分散,不及岛式车站宽阔
造价	较高	较低

四、地铁车站布局

1. 地铁车站出入口及通道设计

地铁车站出入口与周围环境融合在一起,充分发挥地铁的客运能力和其商业价值。因此,车站出入口的位置需根据车站站位及周边环境确定,与主客流的方向一致,跨路口多向布设,吸引附近客流且方便进出车站,并满足规划要求,方便与地面公交的换乘。考虑到吸引与疏散客流要求,每个车站公共区直通地面的出入口数量不得少于 2 个,且分散布置在公共区两端。一般车站设有 4 个出入口,设在十字路口的 4 个象限上或在马路的两边。

1)出入口的地面形式

出入口的地面形式与自然气候条件、城市规划要求、周围建筑物有关,一般可分为露天与带屋盖两类。我国一般采用带屋盖形式。

2)出入口的位置

出入口一般设置在沿街道人行道边和街道转角处;在街道中心广场、街心花园、安全岛;在建筑物内,如购物中心、办公楼的底层等;在车站广场、停车场及交通枢纽中心(见图1-8)。

图1-8 出入口不同位置

3)地面出入口的平面类型

"L"形:出入口与通道呈一次转折布置。

"T"形:出入口与通道呈"T"形布置。

"一"字形:出入口、通道"一"字形排列。

"n"形:出入口与通道呈两次转折布置。

"Y"形:适用于一个主出入口通道有两个及两个以上分出入口的情况。

4)出入口及通道的数目及宽度

出入口、通道的数目及宽度由客流量及所在地区的情况来决定。每个公共区直通地面的出入口数量不得少于两个。站台两端必须要有通向地面的出入通道。出入口及通道的宽度,一般通过客流量的计算决定。每米宽的通道和走廊通过能力:单向(一个方向)5000人/h;双向(具有相反方向)4000人/h。每米宽的楼梯通过能力:单向行人(下楼时)4000人/h;单向行人(上楼时)3500人/h;双向(混合行走)3750人/h。

a.通道宽度:

单支(车站两侧各一个):

$$b = \frac{最大客流量}{4000 \times 2}(m) \tag{1}$$

双支(两侧各两个)：

$$b = \frac{\text{最大客流量} \times 1.25}{4000 \times 2 \times 2} \text{(m)} \tag{2}$$

b. 出入口宽度：

单支一个出入口(单向两侧)：

$$B_1 = b \tag{3}$$

双向(两侧)：

$$B_2 = \frac{b \times 1.25}{2} \tag{4}$$

双向(两侧，四支)：

$$B_3 = \frac{b \times 1.25 \times 1.25}{2 \times 2} \tag{5}$$

2. 地铁车站站厅层布局

1)站厅层的功能

地铁车站站厅层将由出入口进入车站的乘客迅速、安全、方便地引导至站台乘车，或者将下车的乘客引导至出入口出站。站厅既是乘客出入地铁车站的汇集口和过渡空间，具备引导和疏散乘客的功能；同时还具备运营管理与服务功能，乘客在站厅内需要办理上、下车手续，因此站厅内需要设置售票、检票、问讯等为乘客服务的各种设施，即站厅内需设有地铁运营、管理用房和设施(见图1-9)。

图1-9 站厅

2)站厅层的组成

根据其使用功能,站厅可划分为公共区和运营管理区两部分。站厅公共区设计主要解决客流出入的通道口、售票、进出站检票、付费区与非付费区的分隔等问题,以及站厅与站台的上下楼梯与自动扶梯的位置等。运营管理区基本分设于车站的两端,通常呈现一端大、另一端小的现象,中间留出作为站厅公共区,有利于客流均匀地通向站厅候车。

公共区又可分为付费区与非付费区两大区域(见图1-10)。付费区是指乘客须经购票、检票后方可进入的区域,然后到达站台。非付费区也称免费区或公用区,乘客可以在本区域内自由通行。非付费区内设有售票、问讯、公用电话等。进、出站检票口应分设在付费区与非付费区之间的分界线上,将付费区与非付费区进行分隔。进站检票口与出站检票口之间的距离应尽量远一些,以便分散客流,避免相互干扰拥挤。付费区的设置会限制人员通行。

图1-10　付费区与非付费区

为了便于各个出入口的联系和穿行,可以在站厅的一侧或双侧设置通道。由此,可以将站厅层分为3类:站厅层不能穿行、站厅层单侧可以穿行、站厅层双侧可以穿行(见图1-11至图1-13)。

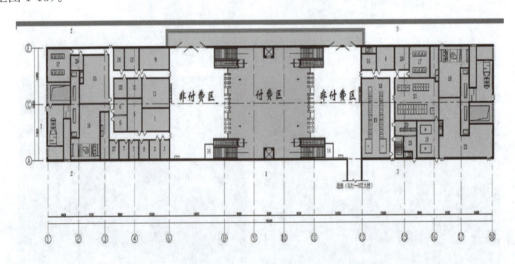

图1-11　站厅层不能穿行

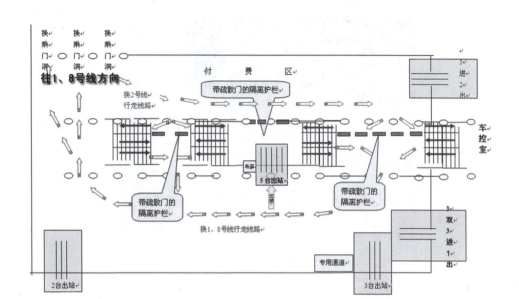

图 1-12 站厅层单侧可以穿行

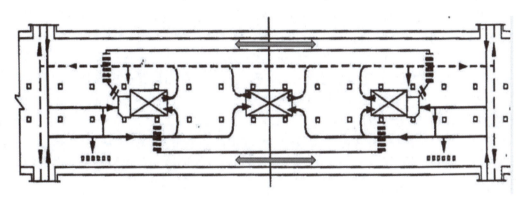

图 1-13 站厅层双侧可以穿行

3）地铁车站站厅层的位置

站厅位于车站一端：常用于终点站，且车站一端靠近城市主要道路的地面车站。

站厅位于车站两侧：常用于侧式车站，多用于客流量不大的车站。

站厅位于车站两端的上层或下层：常用于地下岛式车站及侧式车站站台的上层、高架车站站台的下层，多用于客流量较大的车站。

站厅位于车站上层：常用于地下岛式车站及侧式车站，多用于客流量大的车站。

3. 地铁车站站台层布局

站台是供乘客上、下车及候车的场所。根据站台与轨道线路之间的关系，站台可以分为岛式站台、侧式站台和混合式站台。

站台层可分为公共区和设备区，一般两端为设备区，中间为公共区。公共区是供乘客上下车和候车之用，主要有站台监控厅、乘客座椅、公用电话、紧急停车按钮等设备设施。站台还设有立柱、屏蔽门和安全护栏。如图 1-14 所示为某地铁车站站台。

图 1-14　某地铁车站站台

五、地铁车站组织架构

1. 城市轨道交通运营管理体系

城市规模不大、地铁运营线路较少时，城市轨道交通运营管理机构相对较小、部门设置简单，见图 1-15，主要分为职能部门和业务部门 2 大类，职能部门包括党群办公室、纪委监察、发展规划、财务、计划合同、安全质量、总工办等，业务部门包括工程管理、运营管理、机电设备管理、车辆管理、通信信号管理、供配电管理等，部门设置可根据企业运营实际设立。职能部门负责统筹发展与经营管理决策，主要负责为线路提供安全技术、人力、物资、后勤保障等，以保证运营单位的有序运作；业务部门负责线路运营与维保管理，线路运营具体负责行车组织指挥、票务管理、服务工作等，维保管理主要负责车辆、电扶梯、屏蔽门、检修设备、环控、给排水等系统的日常维护、维修等，以保证地铁车辆和各系统设备的良好运作。

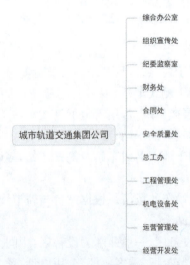

图 1-15　城市轨道交通集团简单组织机构

城市规模较大、地铁运营线路较多时,城市轨道交通运营管理机构相对较大,见图1-16,一些部门人员数量庞大、业务收支稳定,将从业务部门独立为业务分公司,根据业务发展情况可成立全资控股的运营、车辆、机电、通号、建设、投资开发、培训学院、物业开发、传媒等子公司,或者以投资控股的形式进行市场化运营。

图1-16 较大城市轨道交通集团组织机构

在公司化运营早期,一般地铁线路的运营管理由运营管理分公司负责,主要包括综合管理、维修管理和车务管理。综合管理负责为所辖线路提供安全技术、人力、物资、后勤保障等,一般由公司下属职能部门负责,机构设置与集团公司相似,但部门设置相对精简;维修管理主要负责所辖线路车辆、电扶梯、屏蔽门、检修设备、环控、给排水等系统的日常维护、维修等,一般按车辆检修和其他设备检修两大部门设置,业务量大时可进一步按照维保技术细分;车务管理主要负责运营方案的编制与实施,包括行车组织指挥、票务管理、服务工作等,一般按策划部门、调度控制指挥中心、车站管理部门、票务管理部门、司机管理部门来设置。

公司化运营日渐成熟后,一些分公司将独立成为自负盈亏的子公司,集团公司还将逐步利用自有资源开拓新的业务方向,向地铁建设安装、地铁规划设计、物业、传媒、装备制造维保、建筑与机电设备智能化管理、市民卡运营、投资等其他方向发展。

当城市轨道交通运营管理业务由子公司独立运营时,子公司机构设置将主要分为职能部门和业务部门2大类。以南京地铁运营有限责任公司为例,见图1-17,职能部门负责统筹发展与经营管理决策,主要负责为线路提供安全技术、财务、人力、物资等统筹管理;业务部门包括事业部、学院和分公司三大类。此时,车站运营管理一线员工由职能部门完成招聘后进入培训学院接受上岗培训,培训合格获得上岗证后由客运分公司分配岗位;车站机电设备、基础设施、车辆维保、通号、供配电、线路与建筑等由各分公司分别负责。省会等较大城市一般采用这种机构体系,北上广等超一线城市的运营管理体系更为复杂。

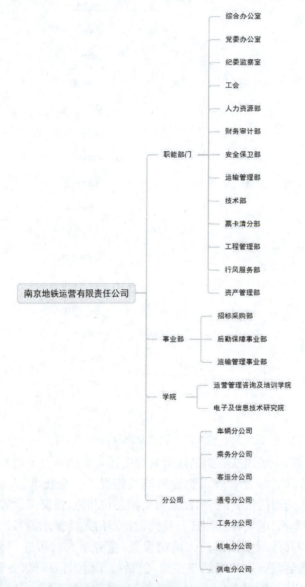

图1-17 南京地铁运营有限责任公司组织机构

2. 车站组织架构

车站负责乘客乘车组织与服务,工作内容包括站务、票务、乘客事务服务、设备管理、安全保障、环境维护,工作目标是维护车站安全、高效、舒适、有序。一般情况下,车站实行层级负责制,工作任务自上而下层层落实,信息汇报自下而上逐级上传。车站管理组织架构见图1-18,自上而下包括站长、值班站长、值班员(行车值班员、客运值班员)、站务员。在紧急且无规章制度的情况下,可以越级管理和越级汇报。如果是同时管理多个车站的中心站,值班站长之上设有中心站副站长和中心站站长。

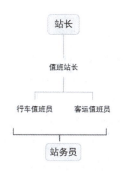

图 1-18　车站管理组织架构

站务员是车站一线员工,直接面对乘客提供服务,在值班站长的领导下协助值班员做好车站接发车、站厅站台巡视、票亭服务、安全管理、乘客事务处理等工作,当班期间可根据实际工作需要由值班站长调整工作任务。站务员岗位分为服务中心岗(也称为票务员)、站厅岗(厅巡员)、站台岗(安全员)。车站除站务员以外,还配有保安、保洁人员,有时还有驻站设备(如机电设备、信号设备、车辆、自动售票机、自动检票机、接触网等)维修人员以及公安、银行、商铺等驻站人员,共同为车站运营服务工作提供支持,紧急情况下听从行车值班员和值班站长指挥,共同应对突发事件,保持车站安全秩序。

六、车站各岗位职责

1. 站长

站长是一个车站的管理总负责人,需对内负责车站日常运营管理,对外负责信息沟通和工作协调。中心站站长需要为所辖多个车站服务,中心站副站长可按照职责分工或车站分工辅助中心站站长完成对内日常运营管理工作。

2. 值班站长

值班站长在站长的领导下负责本班日常的工作,协助站长做好车站生产、日常工作及人员管理,加强班组管理和现场检查,包括行车、客运和票务管理,乘客服务,员工管理,设备管理,安全管理,突发事件处理,员工培训等工作。站长不在车站时,可授权当班值班站长管理车站日常工作。

3. 行车值班员

在值班站长的领导下,行车值班员主要负责车站的行车工作、出入口的管理,监控行车设备、列车运行及乘客动态。行车值班员需要严格执行作业程序,熟悉行车设备的性能,掌握操作方法。

4. 客运值班员

在值班站长的领导下,客运值班员主要负责车站客运、票务管理,组织客运服务工作,包括各种票务、客运问题的处理,车票、现金的安全管理以及相关台账资料的填写等工作。

5. 客服中心岗

客服中心岗主要负责车站的售票工作,是车站比较繁忙的工作岗位之一,其服务的效率和水平直接影响车站的服务质量。客服中心岗工作主要包括问询、售票、兑零、充值、退票、验票、挂失、异常票务事务处理等。

6. 厅巡岗

站厅是车站的门面,随着客流量的日益增大且存在乘客文化水平的层次差异,厅巡的工作难度很大。提高服务质量,提升服务水平,已成为每个厅巡岗位工作人员努力的方向。厅巡主要负责乘客票务处理、秩序的维护、问询、巡查等工作。

7. 站台岗

站台是车站的重要组成部分。在早晚客流高峰期,站台秩序容易混乱,有可能引发安全事故,工作人员与乘客之间也容易发生纠纷,其服务的水平直接影响车站的服务质量。站台岗工作人员主要负责监控站台乘客乘降情况,监控列车运行情况,播放或人工进行站台广播,解答乘客疑问,对乘客安全、秩序进行维护,问询等工作。

七、运营前检查

地铁车站接行车调度员通知,由值班站长和行车值班员进行行车运营前检查,客运值班员进行票务运营前检查,具体要求如下:

1. 行车运营前检查要求

行车值班员确认车站所有 A 类施工均销点、线路出清;

行车值班员确认行车设备设施正常,备品齐全、功能良好;

正线、配线道岔实验正常,一人操作一人监控;

站台无异物侵入限界,测试站台门开关正常,一人操作一人监控;

行车值班员根据"车站设备巡视指引"进行车控室设备巡视检查。

2. 客运设备运营前检查要求

客运值班员使用票务备用金在 TVM 上购买 2 元普通单程票,测试 TVM 出票功能;

客运值班员开启 BOM,将 2 元普通单程票放至读写器,分析车票信息,测试 BOM 功能及 TVM 车票赋值功能;

客运值班员测试 AGM 刷卡进出站功能、出站闸机车票回收功能。

八、车站开站管理

城市轨道交通根据其运营特点,一般运营时间都在 18 h 左右,而余下的时间用来维护和保养运营设备设施,因此车站的开关站工作必须根据车站运营时刻表来组织安排。车站开站程序见表1-2。

表1-2 车站开站程序

序号	责任人	内容
1	行车值班员	首班载客列车到站前 30 min,根据电调命令,开启环控、照明系统等,注意检查公共区导向灯箱是否正确

续表

序号	责任人	内容
2	客运值班员	首班载客列车到站前 30 min 完成自动售票机加币、加票工作,并检查 AFC 设备是否处于正常运营状态
3	值班站长	首班载客列车到站前 30 min 完成扶梯、升降梯开启工作
4	保洁员	首班载客列车到站前 15 min 完成卫生间清扫工作
5	售票岗	首班载客列车到站前 12 min 到岗,锁闭边门
6	值班站长/行车值班员	值班站长于首班载客列车到站前 10 min 完成出入口开启工作,卷帘门有地锁的车站注意打开地锁,以免损坏设备;其中,IBP 盘有开启出入口卷帘门功能的车站,由行车值班员在确保安全的前提下操作 IBP 盘按钮开启出入口卷帘门,开启前应严密监控出入口环境,确保无安全隐患
7	站台岗	首班载客列车到站前 10 min 领齐备品到岗
8	值班站长	检查照明、通风、导向、电扶梯、AFC、边门等设备情况,人员到位情况,卫生情况

拓展阅读

国内地铁车站首次研发一键开关站功能正式投用

2020 年 5 月 10 日早 6 点 05 分,由和利时研发的地铁运营一键开关站功能正式在成都地铁 5 号线九兴大道站投入使用,该站成为国内首个实现一键开关站功能的地铁站,标志着我国地铁站智能化管理向前迈进重要的一步。

传统地铁站开及关站过程复杂,涉及设备较多,且绝大部分设备需要人工启停,导致开关站耗时较长,整个过程至少需要 30 分钟。虽然部分设备已经可以实现车控室集中控制,但因涉及人为因素,无法避免会出现人员操作失误或者遗漏的现象。

针对此问题,和利时成都团队积极与运营维保公司及站务人员沟通,并提出用智能化的技术手段解决地铁运营方的困扰。

在保证人员及设备安全的情况下,和利时充分发挥软件实力,利用自主研发的 MACS-SCADA 平台的强大功能,结合成都地铁运营需求完成了一键开关站的功能,将整个开关站过程缩减到 5 分钟,且无须人员现场操作即可实现。在一键开关站过程中,每一台对现场安全有影响的设备都会强制在对应摄像头的监视下执行,所有设备可在集中界面展现并实现相应功能,便于站务人员检查开关站结果。如设备出现故障,也会在交互界面清晰显示,不需逐个检查(见图 1-19)。

和利时研发的一键开关站功能实现了对车站环控系统、智能照明系统、广告照明系统、区间照明及导向系统、扶梯系统、防盗卷帘、AFC 系统、PA 系统、PI 系统、CCTV 系统等多个专业或设备的自动控制,从而提升车站设备自动化、智能化水平,降低站务人员工作强度。

图 1-19　一键开关站功能正式投用

在实施过程中,和利时项目团队与成都地铁运营商反复沟通协作,克服重重技术难题。凭借高度的责任心、过硬的专业技术能力、严谨的工作态度,和利时项目团队出色完成此次项目的各项任务,得到用户的一致好评。目前,一键开关站功能运行稳定、安全可靠,站务反馈良好。

任务 2　车站客流规律分析与管理优化

学习目标

1. 知识目标:
- 了解客流调查种类;
- 了解地铁车站乘客构成情况调查步骤;
- 掌握车站高峰小时客流分布特征。

2. 技能目标:
- 能够进行车站现场乘客构成情况调查、资料整理、数据分析并得出结论;
- 能够进行车站工作日、双休日早晚高峰进出站客流数据调查、分析,总结出车站客流特点。

3. 素质目标:
- 加强沟通,营造和谐的团队协作氛围;
- 突破职业思维,具备创新精神;
- 树立积极心态,消除消极心态。

发布任务

为了掌握车站客流现状与变化规律,必须对车站进行各种形式的客流调查,这有助于做好车站日常管理工作。现分小组对某地铁车站乘客构成情况进行调查；车站工作日、双休日早高峰进站客流数据调查；车站工作日、双休日晚高峰出站客流数据调查。汇总调查资料，进行数据分析并总结出该车站客流规律。

落实任务

1. 地铁车站乘客构成情况调查

(1)制订调查计划。

调查时间：

调查地点：

调查目的：

设计调查问卷(调查内容：年龄、性别、职业、居住小区、出行目的、进站/出站、下车车站等)：

(2)客流抽样调查。

抽样方法：

抽样率：

(3)整理调查资料。

(4)分析调查数据,用矩形或者圆形图表表示。

(5)总结地铁车站客流构成情况。
_____
_____

2. 车站工作日、双休日早高峰进站客流数据调查

(1)以 15 min 为间隔,采用直接观察法调查车站进站人数并完成以下车站工作日、双休日早高峰进站客流数据调查表格。

时间	工作日进站人数	双休日进站人数	时间	工作日进站人数	双休日进站人数
6:00—6:15			8:00—8:15		
6:15—6:30			8:15—8:30		
6:30—6:45			8:30—8:45		
6:45—7:00			8:45—9:00		
7:00—7:15			9:00—9:15		
7:15—7:30			9:15—9:30		
7:30—7:45			9:30—9:45		
7:45—8:00			9:45—10:00		

(2)以 15 min 为间隔,采用直接观察法调查车站出站人数并完成以下车站工作日、双休日晚高峰出站客流数据调查表格。

时间	工作日出站人数	双休日出站人数	时间	工作日出站人数	双休日出站人数
16:00—16:15			17:30—17:45		
16:15—16:30			17:45—18:00		
16:30—16:45			18:00—18:15		
16:45—17:00			18:15—18:30		
17:00—17:15			18:30—18:45		
17:15—17:30			18:45—19:00		

(3)数据整理(画出曲线图)。

车站早高峰进站人次：

车站晚高峰出站人次：

(4)总结该车站早晚高峰客流特点。

_____
_____
_____
_____

(5)根据本站客流规律与车站运作的实际，结合各岗位的工作特点，充分利用好车站的人力资源，合理安排各岗位的上岗人数与工作时间。

_____
_____
_____
_____

评价反馈

评分项目	分值	自我评价得分	教师评价得分
工作页已完成(全部完成10分，其余0分)	10		
了解地铁车站乘客构成情况调查步骤	5		
调查问卷选项设置完整性	5		
调查问卷回收份数	5		
调查问卷各项数据分析	10		
车站早、晚高峰进、出站乘车人数统计	10		
车站客流规律分析结果	5		
总分			

一、城市轨道交通客流的概念

客流是指在单位时间内轨道交通线路上乘客流动人数和流动方向的总和。客流的概念既表明了乘客在空间上的位移及数量，又强调了这种位移带有方向性和具有起讫位置。客流可以是预测客流，也可以是实际客流。

1. 全日客流、全日分时客流和高峰小时客流

（1）全日客流：全日客流是指全日的总客流。

（2）全日分时客流：全日分时客流是指全日各小时的客流。

（3）高峰小时客流：高峰小时客流是指以小时为时间单位计算的高峰小时的客流。

2. 断面客流与车站客流

（1）断面客流是指通过轨道交通线路各区间的客流。

断面客流量：在单位时间内，通过轨道交通线路某一地点的客流量称为断面客流量。这里单位时间通常是1 h或全日。显然，通过某一断面的客流量就是通过该断面所在区间的客流量。断面客流量分为上行断面客流量和下行断面客流量，计算公式为：

$$P_{i+1}=P_i-P_d+P_u \tag{6}$$

式中：P_{i+1}——第($i+1$)个断面的客流量（人）；

P_i——第i个断面的客流量（人）；

P_d——在车站下车的人数（人）；

P_u——在车站上车的人数（人）。

最大断面客流量：在单位时间内，通过轨道交通线路各个断面的客流量一般是不相等的，其中的峰值称为最大断面客流量。轨道交通线路上行、下行方向的最大断面客流量不一定在同一个断面上。

高峰小时最大断面客流量：在以小时为时间单位计算断面客流量的情况下，全日分时最大断面客流量一般是不相等的，其中的峰值称为高峰小时最大断面客流量。城市轨道交通的高峰小时一般出现在早晨和傍晚，分别称为早高峰小时和晚高峰小时。

高峰小时最大断面客流量是确定是否需要修建城市轨道交通、修建何种类型的城市轨道交通，确定车辆型式、列车编组、行车密度、车辆配置数和站台长度等的基本依据。

（2）车站客流量包括全日、高峰小时和超高峰期在城市轨道交通车站上下车和换乘的客流量，以及经由不同出入口、收费区的进出站的客流量和不同方向的换乘客流量。超高峰期是指在高峰小时内存在的一个15～20 min的上下车客流特别集中的时间段。

车站高峰小时和超高峰期客流量决定了车站设计规模，是确定站台、售检票设备、自动扶梯、楼梯、通道、出入口等车站设备容量或能力的基本依据，如站台宽度、售检票机数量、楼梯与通道宽度等。

3. 基本客流、转移客流和诱增客流

根据客流的来源，客流可分为基本客流、转移客流、诱增客流。

（1）基本客流：城市轨道交通线路既有客流加上按正常增长率增加的客流。

（2）转移客流：指轨道交通建成后，由于其方便、快捷、安全等因素将其他交通方式的出行者吸引过来而增加的客流,包括小汽车、公交车、自行车出行者。

(3)诱增客流:指由于建成了轨道交通,从而促进了周边地区的发展,使得经济更加繁荣,而使得对人的吸引力增加,从而导致客流增多。

二、城市轨道交通客流的影响因素

1. 政府政策出台

一些环境政策、交通管制政策的出台,会影响城市轨道交通的客流量。比如,某市对小汽车的出行进行限号、要求电动自行车上牌,导致了市民出行方式的改变,平时用机动车代步的出行者不得不去选择平时较少选择的轨道交通作为出行的方式,进而对客流量有一定的影响。

2. 城市人口

城市轨道交通的客流量与人口的规模、构成类型、出行率有很大关系。流动人口、常住人口、暂住人口的出行率存在很大的不同;人口的职业、年龄、居住地等也是影响城市轨道交通客流的因素。如果一个城市的流动人口较多,比如旅游人群、外来务工人群,一般会在节假日等休息时间对该城市的客流造成比较大的变动。对于以务工人员居多的城市,春节的时候,客流会大幅减少;对于以旅游为主的城市,一般节假日期间,客流会明显增多。

3. 出行者的收入和消费水平

对于出行者来说,选择出行方式不仅要考虑它的快捷、舒适、安全等情况,还要考虑它的价格。一般来说,出行者的收入和消费水平会对城市轨道交通的客流产生影响。对于城市轨道交通来说,乘客的消费水平属于中低水平。收入较高的乘客一般不会成为公共交通的主体客流,通常会选择小汽车作为代步工具。

4. 票制票价

国内外城市轨道交通运营的实际经验表明,城市轨道交通客流量对票制票价具有较大的敏感性。一般而言,在分段计费的票制情况下,短距离出行的乘客对票价的敏感性显著于长距离出行的乘客。在城市轨道交通各条线路之间以及城市轨道交通与常规公交之间采用一体化的票价制度,可降低乘客的公交出行总成本,从而有效提高轨道交通系统以及整个公共交通系统的客运吸引力。票制票价对轨道交通车站客流的影响具有敏感性强、影响直接和持续时间短等特征。比如,2014年,北京市对地铁票的价格进行了调整,当天早高峰客流量下降了5.23%,一天的客流量约下降53万人次。因此票价的变动对轨道交通客流的影响比较大。

5. 与其他交通方式的衔接性

一般的交通出行者都是带有目的的,比如去上学、工作、游玩等,考虑到时间成本等问题,大部分出行者都会选择出行效率最高的交通方式,因此,城市轨道交通与其他交通方式之间应该形成合理的分工,建立和完善以城市轨道交通站点为中心、各种交通方式进行合理衔接的城市综合交通体系。

6. 交通网的规模与布局

对线网进行科学的规划,能够让城市轨道交通均匀地覆盖一片区域,提高对出行者的吸引力,提高交通可达性,给出行者带来方便。如果线路规划不合理,不能满足客流需求或者供给过剩,都会对客流产生影响。线路的建设是为了满足客流需求,带动线路周边的发展,建设的标准达到出行者对舒适度等其他方面的要求,也能在一定程度上提高客流量。

7. 网络运能配置

由于部分城市的流动人口、暂住人口的增加,客流量超出原有预测,供需不平衡性增加。早晚高峰的时候客流量过大,如果服务水平跟不上、车辆供给不足,长久之后势必会让轨道交通客流量有所下降。运营服务水平与网络运营配置有关,对发车间隔、运营时刻表等进行合理配置,提高服务水平,降低出行者的时间成本,增加舒适度,必然会对客流量造成积极的影响。

三、客流调查

1. 客流调查种类

为了掌握客流现状与变化规律,必须经常进行各种形式的客流调查,涉及客流调查的内容、地点和时间的确定,调查表格的设计,调查设备的选用,调查方式的选择,以及调查资料的汇总整理、指标计算和结果分析等。

1) 全面客流调查

全面客流调查是对全线客流的综合调查,通常也包括乘客情况抽样调查。这种类型的客流调查时间长、工作量大,需要较多的调查人员。通过调查及对调查资料进行整理、统计和分析,能对客流现状及出行规律有一个全面清晰的了解。

2) 乘客情况抽样调查

抽样调查是指用样本来近似地代替总体的调查方式,这样做有利于减少客流调查的人力、物力和时间。乘客情况抽样调查通常采用问卷方式进行,调查内容主要包括乘客构成情况和乘客乘车情况两方面。断面客流调查是一种经常性的客流抽样调查,根据需要可选一个或几个断面进行调查,一般是对最大客流断面进行调查,调查人员用直接观察法调查车辆内的乘客人数。专题性客流调查通过问卷方式进行,调查的内容包括休假安排、城市旅游业、娱乐业的发展程度、市民生活方式的变化等。

3) 突发客流调查

突发客流调查主要是针对影剧院、体育场馆等客流快速集散的站点进行的专项客流调查。该项调查主要涉及影剧院、体育场馆的规模与附近轨道交通车站的客流影响程度、持续时间之间的相关关系。

2. 客流调查的方法

客流调查是一件经常性的工作,根据不同的调查目的,可以有不同的调查方法。通常采用的方法有随车客流调查法、驻站客流调查法、问讯客流调查法、客票调查法等。

客流的动态调查需要积累比较长期的资料,以供分析,除了直接从调查中取得资料外,企业中常用的各种运营报表所反映的统计数值,也是反映客流周期性升降波动的重要资料。但是要掌握客流动态的规律,还是要取得经常性的全面调查资料进行综合分析。因此,公共交通企业需要建立定期的、全面性的客流调查制度。有时为了某一特定的目的,也可进行临时的、局部性的调查,也可组织抽样调查和专项调查。总之,只有在明确目的的情况下选择最有效的调查方法,才能取得预期的效果。

选择调查方法时应注意以下两个要点:第一,尽可能以最少的劳动和时间消耗,取得足够量的精确的调查资料;第二,尽可能以最简便的方法,得到被调查者的配合,保证所需资料的及时性与可靠性。下面按调查方法叙述几种可行的调查形式。

1)随车客流调查法

随车客流调查是在线路运行的车辆中安排专人记录每个车站的上下车的乘客数量以及车站上留站人数多少的一种全面调查。

随车客流调查可以在全市范围内进行,也可以选择部分或一条线路进行。它可以在全天营业时间进行,也可以在某一段营业时间内进行,这取决于调查的不同目的。

随车客流调查是一种较大型的调查方法,其具体做法是:在运营的所有车辆上,从早出的第一班车开始直至晚上末班车为止。一般一个车门安排一个人,在车门附近选好适当的位置。按照特定表格的要求进行上下车人数的记录,此表格为原始记录表。在车辆拥挤而有留站乘客时,还需注明未上车的留站人数。

调查资料的汇总统计:随车观察所得的资料必须分别按线路上下行的不同方向和发出车辆先后到达的顺序整理排列后,依规定的分组时间(一般按 0.5 h 或 1 h)分组进行汇总统计。随车原始调查记录表见表 1-3。

表 1-3 随车原始调查记录表

线路: 方向:

车次		发车时间	
站名	下车人数	上车人数	滞留人数
车站 1			
车站 2			
车站 3			
车站 4			
……			
合计			

调查数据的计算分析:随车客流调查所得的资料经汇总统计后能反映客流量在线路上各个断面的分布状态。因此在调查资料汇总统计表的基础上需分别计算反映运营状态的各种有关指标的数值,如各站上下车人次、各断面通过量、高峰小时最大断面通过量及满载率、各线路客运周转量、平均运距、乘客密度、不均衡系数等,见表 1-4 和表 1-5。

表 1-4 分时断面客流量汇总表

线路: 方向:

时间分组	断面			合计
首发—7:00				
7:00—8:00				
……				
合计				

表 1-5　早晚高峰人公里汇总表（小时单向）

线路：　　　　　　　方向：

断面				最大断面不均衡系数	合计
站间距					
早高峰	流量				
	人公里				
晚高峰	流量				
	人公里				
全天	流量				
	人公里				

2）驻站客流调查法

驻站客流调查法是在中途重点站或客流量较大的高峰断面上配备调查员，在调查时间内，以目测的方法记录上下车乘车人数、车厢内人数、留站人数和通过车次的一种断面调查法，是为了解断面客流在时间上的变化与配车是否合理，定线、定站、定时、定期进行的调查。将调查资料汇总积累，随时可供对比分析用，为线路增减配车、调整运力提供可靠的依据。驻站客流调查表见表1-6。

表 1-6　驻站客流调查表

线路：　　　　　　　方向：

车次	到站时间	进站人数	下车人数	上车人数	出站人数	留站人数
合计						

驻站客流调查的组织方法：

①调查员应熟悉线路运营情况，掌握车辆的座位数、乘客可站立的面积和额定车容量，并能准确估算车厢人数。此种方法对调查员的要求较高。所测得的资料准确度一般要求在90％以上。

②调查日期与具体时间可根据一般客流动态规律和调查线路的具体情况而定。时间选择是否适当，直接影响能否达到预期的调查目的。

驻站客流调查的注意事项：

①调查员目测位置的选择要适当，能够较为准确地估算客流量。

②候车人多时,可提前数清在站人数。
③调查员应按调查表要求及时填好每趟车的数据,避免混乱。
调查资料的统计汇总分析:
①把各站点测得的原始记录,按 30 min 或 1 h 分组统计上下车人数、车次通过量、车辆满载率和留站人数等。
②根据汇总统计的客流资料,分析运行车辆的满载程度。根据调查点的乘客集散量,分析调查时间内的运力适应运量的情况,调配增车、减车及改进调度方法,使运力与运量保持平衡。

3) 问讯客流调查法

问讯客流调查法是指调查人员通过问讯的调查方式,记录每一个乘客上下车地点的一种方法。问讯客流调查法可分为随车问讯和驻站问讯两种方式。

随车问讯一般用于站线长、上下车交替量小的线路。而在客运量大、站距短、上下车交替量大的市区线路采用驻站问讯的方式。指派问讯调查员的人数可根据每个站集散乘客数量而定。

问讯调查能够反映每个乘客上车和下车的地点,同时也可反映出每站上车的乘客到其余各站下车的人数、每个站上车乘客的乘距、每个断面的客流量负荷情况和满载率等。在条件许可的情况下,还可问讯乘客的转乘,以掌握乘客的乘车规律与集散方向。

四、客流分析

轨道交通的客流,按照时间分布特征,包括一日小时客流、一周内全日客流、短期客流或突发性客流;按空间分布特征,包括车站客流和断面客流,而车站客流可以分为换乘客流和上下行方向客流。轨道交通客流具有动态特性,随时间和空间的改变而改变。对实际客流数据进行统计和分析,了解客流在时间、空间上的变化情况,掌握其一般变化的规律,对轨道交通运营管理具有重要意义。

1. 客流的时间分布特征

1) 一日内的小时客流

一日内的小时客流会随着一天之内的人们的生活节奏等的变化而变化,城市轨道交通的路网结构、运输能力、车站地点等因素都会影响客流的分布,会导致各个站点的客流不相同,如表1-7所示。

表1-7 城市轨道交通车站客流时间分布特征表

序号	类别	特点	图例
1	单峰型	单峰型的站点一般位于周边土地开发性不高的地方或者居民居住区或工作区的附近,潮汐特征明显,进出站的早晚高峰会错开,不会在同一时段出现	

续表

序号	类别	特点	图例
2	双峰型	双峰型的站点一般位于土地开发性强的地方，周边具有工作区和生活区、其他交通方式站点等，综合性比较强，进出站均会出现早晚高峰	
3	全峰型	全峰型的轨道交通站点，一般周边的土地基本高度开发，周边具有大型商场、办公楼、居民楼或者比较出名的旅游景点等，在轨道交通运营时间内的客流量都比较高，进出站点客流不会发生太大的变化	
4	突峰型	突峰型的站点一般会出现在举行大型活动的场所的附近。由于活动的举行，会在很短的时间内聚集大量客流，但又会随着活动结束再次减少。峰值出现的时间和活动举行的时间有关，并没有一定的规律性	
5	无峰型	无峰型的站点一般会出现在土地开发性较低的地方，全天客流都比较低，无明显峰值出现	

2) 一周内全日客流分布特征

由于人们的工作与休息是以周为循环周期进行的，所以这种活动规律性必然要反映到一周内全日客流的变化上来。在以通勤、通学客流为主的轨道交通线路上，双休日的客流会有所减少；而在连接商业网点、旅游景点的轨道交通线路上，双休日的客流又往往会有所增加。与工作日的早、晚高峰出现时间比较，双休日的早高峰出现时间往往推迟，而晚高峰的出现时间又往往提前。另外，星期一与节假日后的早高峰小时客流和星期五与节假日前的晚高峰小时客流都会比其他工作日的早、晚高峰小时客流要大。

根据全日客流在一周内分布的不均衡和有规律的变化(见图 1-20)，轨道交通运营部门常在一周内实行不同的全日行车计划和列车运行图，以适应不同的客运需求和提高运营的经济性。

3) 短期客流分布规律

在一年之中，会经历四季的变化，客流会随着季节的变化而变化。对于旅游城市来说，

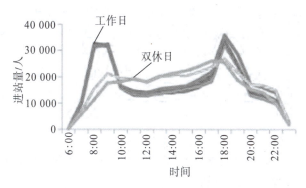

图1-20　某地铁车站一周进站客流统计图

旅游的旺季和淡季会使城市轨道交通的客流量发生变化；春节等节假日期间，人员的大规模移动，会使城市轨道交通客流大幅度减少。

4）车站高峰小时客流分布特征

车站高峰小时客流是确定车站设备容量或能力的基本依据。进行车站高峰小时客流分析时，首先应确定进、出站高峰小时的出现时间，其次才是分析客流量的大小。此外，还应分析客流的发展趋势，随着城市轨道交通新线的投入运营和既有城市轨道交通线路延伸，高峰小时进、出站客流会发生较大的变化。而车站吸引区内住宅、商业和文化娱乐等方面的发展也会使高峰小时进、出站客流发生较大的变化。研究表明，城市轨道交通车站高峰小时客流具有以下特征：

a.车站客流的进、出站高峰小时出现时间与断面客流的高峰小时出现时间通常不同。

b.各个车站客流的进、出站高峰小时出现时间通常不同。

c.同一车站客流的进、出站高峰小时出现时间通常不同。

d.同一车站工作日客流与双休日客流的进、出站高峰小时出现时间通常不同。

e.工作日高峰小时进、出站客流通常大于双休日高峰小时进、出站客流。

某地铁车站全日进出站客流量统计如图1-21所示。

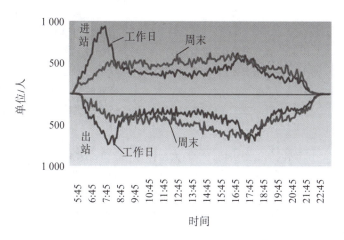

图1-21　某地铁车站全日进出站客流量统计

5)车站超高峰小时客流分布特征

为了避免因超高峰期内特别集中的客流而使乘客不能顺畅地进出车站,甚至影响列车的正常运行秩序,在确定车站设备容量或能力时,有必要适当考虑车站客流在高峰小时内分布的不均衡性。车站超高峰期的客流强度可用超高峰系数来反映,它是单位时间内的超高峰期平均客流量与高峰小时平均客流量的比值。超高峰系数一般可取 1.1~1.4。对终点站、换乘站和客流较大的中间站通常取高限值,而其余车站可取低限值。

2. 客流的空间分布特征

1)线路客流分布特征

城市轨道交通线网的各条线路因其所在的城市客流走廊带不同、沿线用地性质不同,其客流规模和分布规律各异,如表 1-8 所示。

表 1-8 不同地铁车站周边环境的客流特征

序号	不同地铁车站周边环境	客流构成	客流特征
1	邻近社区	邻近大型社区的地铁站,进出站客流以居民为主,其出行习惯、目的、规律等相对比较稳定,主要以上下班为主	早高峰期间以进站为主,晚高峰期间以出站为主,市民从城市各处返回车站,时间集中度相对不高。从全天来看,车站受通勤客流的影响,客流压力集中于早高峰时段。此外,因客流来源相对稳定,随着社区、居民区的发展,客流量持续上涨的可能性较大
2	邻近写字楼、学校	邻近写字楼、工厂及学校的车站,客流主要来源为通勤客流,其搭乘地铁的时间、规律、人群相对比较平稳	车站在早高峰期间,出站客流大而进站相对小;晚高峰期间,早高峰出站的乘客陆续返回地铁站,导致进站客流较大。在该车站进出的客流,以通勤人员、学生为主
3	邻近商业区、购物圈	因站外有大型商场、购物街等,车站的主要客流来源为逛街、购物的市民	车站客流很大程度上受商场、店铺的营业时间影响,早高峰出现时间稍晚于邻近写字楼、学校等的车站,而晚高峰时间早于邻近写字楼、学校等的车站,且中高峰的持续时间较长,峰值不明显,进出站客流量相对较为平缓
4	邻近娱乐、休闲场所	车站因邻近游乐场、公园、大型体育场等,导致周末及节假日期间,有较多市民前往,由此增加了这类车站的进出站客流量	车站高峰期通常出现在周末及节假日期间,邻近场所举办群体性的活动,如跨年倒数、比赛及演唱会等,散场期间将有短时集聚性大客流

续表

序号	不同地铁车站周边环境	客流构成	客流特征
5	邻近客运枢纽	客流主要受客运枢纽的影响,携带行李的乘客比例相对较高,且异地乘客较多,在进站、购票、入闸、乘车等环节耗时较长	车站高峰通常出现在客运枢纽旅客较多的时期,如春运、寒暑假、节假日期间,大量旅客返乡、出游、探亲等,造成车站的客流高峰

2) 上下行方向客流分布特征

在城市轨道交通线路上,由于客流的流向原因,上下行方向的客流通常是不相等的。在放射状的轨道交通线路上,早、晚高峰小时的上下行方向客流不均衡尤为明显。可以采用城市轨道交通线路上下行方向客流不均衡系数来描述轨道交通线路上下行方向客流均衡程度,计算公式如下:

$$a_2 = \frac{\max\{p_{上\max}, p_{下\max}\}}{(p_{上\max} + p_{下\max})/2} \quad (7)$$

式中:a_2——上下行方向客流不均衡系数;

$p_{上\max}$——上行方向最大断面客流量(人);

$p_{下\max}$——下行方向最大断面客流量(人)。

上下行方向客流不均衡系数恒大于1。a_2趋向于1,表明上下行方向客流比较均衡;a_2越大,表明上下行方向客流越不均衡。在上下行方向最大断面客流不均衡程度较大的情况下,直线线路上要做到经济合理地配备运力比较困难,但在环形线路上可采取内、外环线路安排不同运力的措施。

3) 各个断面客流的分布特征

在城市轨道交通线路上,由于线路行经区域的用地开发性质不同,所覆盖的客流集散点的规模和数量不同,因而出现线路各个车站乘降人数不同,线路单向各个断面的客流存在不均衡现象是不可避免的。城市轨道交通线路单向各个断面客流不均衡系数可按下式计算:

$$a_3 = \frac{p_{\max}}{\sum_{i=1}^{K} p_i / K} \quad (8)$$

式中:a_3——单向断面客流不均衡系数;

p_i——单向断面客流量(人);

K——单向线路断面数(个);

$p_{\max}$——最大断面客流量(人)。

a_3趋向于1,表明断面客流比较均衡;a_3越大,表明断面客流越不均衡。在a_3较大,即在线路单向断面客流不均衡程度较大的情况下,可采用在客流量较大的区段加开区段列车的措施,但在行车密度较大的情况下,加开区段列车会有一定难度,并且加开区段列车对运营组织和车站折返设备都会提出新的要求。

4)站间 OD 客流分布特征

站间 OD 客流分析的重点是各个客流区段内和不同客流区段间的各站到发客流分布特征。在城市轨道交通线路较长,并且各个客流区段的断面客流不均衡程度较大时,大客流区段通常位于市区段,小客流区段通常位于郊区段。站间 OD 客流分布特征可以用市区段内与郊区段内各站间到发客流分别占全线各站总到发客流的百分比,以及在市区段与郊区段间各站到发客流占全线各站总到发客流的百分比来反映。

5)各个车站乘降人数分布特征

轨道交通线路各个车站的乘降人数不均衡,甚至相差悬殊的情况并不少见。在不少线路上,全线各站总的乘降量集中在少数几个车站上办理。此外,新的居民住宅区形成规模和新的城市轨道交通线路投入运营,也会使车站乘降量发生较大的变化及带来不均衡的加剧或新的不均衡。

6)车站内乘客行为特征分析

乘客进站乘车和下车出站,其行为具有一定特征,在不同车站设施上,乘客的行为特征不同,以下对不同车站设施的乘客行为特征进行分析,如表 1-9 所示。

表 1-9　不同车站设施的乘客行为特征分析

序号	不同车站设施	乘客行为特征分析
1	通道类设施	通道类设施是乘客进出站台或换乘到其他轨道线路的步行设施,是一种较常见的步行设施,是轨道交通车站内运送乘客的一种有效的方式。由于通道狭窄空间影响和通道乘客走行的目的性特征,乘客在通道中走行一般比较快速,自由度一般较低。在某些平面运送距离过长的通道内,乘客走行体能消耗大
2	自动检票设施	乘客经由进出站检票设施进行票据检验的过程,可用排队论服务系统描述。进出站检票设施的服务对象是进出站乘客,服务设备是进出站检票机,排队规则是先到先服务。当接受服务的乘客稀少时,乘客可自由选择检票口进出;当乘客到达率大于系统服务效率时,就会出现排队现象,排队越长,意味着乘客等待时间越长
3	楼扶梯类升降设施	车站设计时检票闸机与楼扶梯的通过能力应相当,客流在检票闸机处首先受到检票系统通过能力的制约,导致超出检票闸机通过能力的客流被暂时堵在非付费区排队等待检票,因此乘客在楼梯或自动扶梯类升降设施处一般不会产生排队等待的现象。 　　乘客在楼梯上的走行速度会受到台阶的提升高度、台阶倾角的影响,导致同一个体行人在楼梯中的走行速度较之在通道中的要小;不同个体行人在楼梯中的速度差异较之在通道中的要小。 　　使用自动扶梯所需耗能及通过时间较楼梯少,所以站内绝大部分乘客首选自动扶梯作为升降工具。只有在高峰时段,自动扶梯处排队较长时才会有乘客选择楼梯通行

续表

序号	不同车站设施	乘客行为特征分析
4	站台	站台客流是动态的,从列车到站前乘客进入站台候车,到列车到站乘客实现乘降,再到列车离站下车乘客离开站台乘降区,可作为一个动态变化的周期过程。虽然每个周期持续时间很短,但每个周期内不同时段站台上的乘客分布状态却迥然不同,根据对城市轨道交通车站站台客流特征的长期观察,站台上的客流可以分解为三种分布状态:候车状态、上车前集结状态、乘降互换状态

五、车站员工排班管理

站长负责车站员工排班工作,以月为单位安排排班计划,在排班过程中,根据车站本月工作计划、员工休假需求以及上司临时交办的工作,统筹安排,做到工作负荷均匀,人员岗位工时满足标准工时要求。

1. 车站排班原则

(1)根据本站客流规律与车站运作的实际,结合各岗位的工作特点,合理安排各岗位的上岗人数与工作时间,充分利用好车站的人力资源,达到"忙不缺、闲不多"的目标。

(2)员工排班应尽量均衡,无特殊情况,不允许出现集中上班、集中休息的现象。特殊情况下必须集中上班、休息时,至少要确保员工每周有 1 至 2 天的休息时间。

(3)车站在进行排班时,两个班次之间确保员工最少有 12 小时的休息时间。

(4)员工顶岗只允许高岗顶低岗,不允许低岗顶高岗。

(5)因车站工作需要导致员工当月超过标准工作时间或不足标准工作时间的,应在 3 个月内进行调整(安排补休或补班)。

2. 车站班制规定

(1)值班站长、值班员岗位采用"四班两运转"的班制轮换排班,其中值班员岗位若无特殊情况,要求客运值班员与行车值班员每两个班次实现一次岗位轮换,达到均衡工作量、培养员工全面发展的目的。

(2)站务员岗位(客服中心岗、厅巡岗)一般采用"四天上班两天休息"的班制,按照长、短班搭配的方法进行轮换排班。

(3)备班人员一般采用"五天上班两天休息"的班制。

3. 车站排班步骤

(1)确定车站各岗位的轮换班制。

(2)按班制进行轮换排班。

(3)确定各岗位时段的工作内容。

(4)形成月度排班表。

> **拓展阅读**

调查问卷设计原则

调查问卷设计的根本目的是设计出符合调研与预测需要及能获取足够、适用和准确信息资料的调查问卷。为实现这一目的,调查问卷设计必须遵循以下原则:

一、目的性原则

问卷的主要目的都是提供决策所需的信息,以满足决策者的信息需要。问卷设计人员必须透彻了解调研项目的主题,能拟出可从被调查者那里得到最多资料的问题,做到既不遗漏一个问句以致需要的信息资料残缺不全,也不浪费一个问句去取得不需要的信息资料。因此,应从实际出发拟题、问题目的明确、重点突出,没有可有可无的问题。

二、逻辑性原则

一份设计成功的问卷,问题的排列应有一定的逻辑顺序,符合应答者的思维程序。一般是先易后难、先简后繁、先具体后抽象。这样,能够使调查人员顺利发问、方便记录,并确保所取得的信息资料正确无误。

三、通俗性原则

如果受访者对调查题目不感兴趣,一般不会参与调研。问卷设计最重要的任务之一就是要使问题适合潜在的应答者,要使被调查者能够充分理解问句,乐于回答、正确回答。所以设计问卷的研究人员不仅要考虑主题和受访者的类型,还要考虑访谈的环境和问卷的长度。问卷必须避免使用专业术语,一般应使用简单用语表述问题。

四、便于处理原则

便于处理是指要使被调查者的回答便于进行检查、数据处理和分析。设计好的问卷在调查完成后,能够方便地对所采集的信息资料进行检查核对,以判别其正确性和实用性,也便于对调查结果的整理和统计分析。如果不注意这一点,很可能出现调查结束,信息资料获得很多,统计处理却无从下手的难堪局面。

五、合理的问卷长度原则

调查内容过多,使得参与者没有耐心完成全部调查问卷,这是调查最常见的误区之一,应引起高度重视。如果一份调查问卷在20分钟之内还无法完成,一般的被调查者都难以忍受,除非这个调查对他非常重要,或者是为了获得奖品才参与调查,即使完成了调查,也隐含一定的调查风险,比如被调查者没有充分理解调查问题的含义,或者没有认真选择问题选项,最终会降低调查结果的可信度。

> **拓展阅读**

关于城市轨道交通客流调查问卷

您好,欢迎参加本次问卷调查,我们正在进行一项关于城市轨道交通客流的调查,想邀请您用几分钟时间帮忙填写这份问卷。本问卷实行匿名制,所有数据只用于统计分析,请您放心填写。题目选项无对错之分,请您按自己的实际情况填写。谢谢您的帮助!

1. 您的年龄:
□A. 14 岁以下　　□B. 14～28 岁　　□C. 28～45 岁　　□D. 45～60 岁
□E. 60 岁以上

2. 性别:
□A. 男　　□B. 女

3. 职业:
□A. 学生　　□B. 上班族　　□C. 其他

4. 您日常出行以什么交通方式为主?
□A. 地铁　　□B. 公交　　□C. 出租车和网约车
□D. 其他

5. 您每月乘地铁的次数:
□A. 不足一次　　□B. 1～3 次　　□C. 4～6 次　　□D. 7～9 次

6. 您选择地铁出行的原因是:
□A. 票价合理　　□B. 安全性高　　□C. 方便快捷　　□D. 速度快,准时

7. 您乘地铁出行的目的是:
□A. 上班　　□B. 探亲访友　　□C. 观光旅游　　□D. 其他

8. 您觉得地铁票价是否合理?
□A. 较便宜　　□B. 价格合理　　□C. 稍微偏贵　　□D. 非常贵

9. 您选择出行路径的依据是:
□A. 看地铁线路示意图,通过图中信息选择此路径
□B. 向别人询问,通过听取他人意见选择此路径
□C. 对车站路线很熟悉

10. 在节假日大客流时期,如果票价一定,有多条线路到达终点,影响您选择的重要的因素是(多选题):
□A. 时间最短　　　　　　　□B. 换乘最方便
□C. 拥挤程度最小　　　　　□D. 中间经过车站数最少

11. 您对地铁内导乘标识、设备的合理性是否满意?
□A. 很不满意　　□B. 不满意　　□C. 满意　　□D. 很满意

12. 地铁内的广告是否会让您感到厌烦?
□A. 无视　　□B. 一般厌烦　　□C. 厌烦　　□D. 非常厌烦

13. 地铁站内和车厢的卫生条件怎么样？
　　□A. 干净　　　　□B. 一般　　　　□C. 不干净
14. 您一般的乘车时长是：
　　□A. 0.5 h以内　　□B. 0.5～1 h　　□C. 1～1.5 h　　□D. 1.5 h以上
15. 您对换乘站的方便性是否满意？
　　□A. 不满意　　　□B. 一般满意　　□C. 满意
16. 您希望地铁站提供哪些服务？
　　□A. 公用电话　　□B. ATM　　　　□C. 小型商店　　□D. 免费 Wi-Fi
17. 您觉得地铁站手机信号强不强？
　　□A. 强　　　　　□B. 不强　　　　□C. 一般　　　　□D. 无信号
18. 您对地铁内的治安状况是否满意？
　　□A. 很不满意　　□B. 不满意　　　□C. 满意　　　　□D. 非常满意
19. 您对地铁工作人员的服务是否满意？
　　□A. 很不满意　　□B. 不满意　　　□C. 满意　　　　□D. 非常满意
20. 请问您乘坐的地铁列车拥不拥挤？
　　□A. 刚好坐满　　□B. 非常拥挤　　□C. 只有一半　　□D. 基本没人

任务3　仪容准备

学习目标

1. 知识目标：
- 掌握城市轨道交通客运服务人员仪容规范；
- 掌握城市轨道交通客运服务人员制服着装规范；
- 掌握城市轨道交通客运服务人员配饰选配规范。
2. 技能目标：
- 能够掌握化淡妆的基本步骤和技巧；
- 能够规范进行面容、发型的修饰；
- 能够规范穿着制服；
- 能够合理选配饰品。
3. 素质目标：
- 城市轨道交通客运服务人员应具备良好职业形象和职业素养；
- 城市轨道交通客运服务人员应掌握尊重、真诚、宽容、适度的服务原则；
- 城市轨道交通客运服务人员应具备"服务为本，乘客至上"的服务意识。

发布任务

客运服务人员无论长相如何,在服务工作中都应该保持仪容洁净自然,并进行得当的修饰,这是城市轨道交通客运服务人员具备职业素养的重要考核标准。本次任务是根据城市轨道交通客运服务人员仪容仪表标准自检并做调整。

落实任务

(1)车站各岗位服务人员对照以下仪容要求进行自我仪容检查并做调整。

仪容自检(女士)

自检部位	标准内容	是否符合标准	改善
面部	面部干净整洁:无灰尘、无泥垢、无汗(污)渍、无分泌物。 妆容得体:自然、淡雅,不化浓妆		
发型	头发干净、清爽、卫生、整齐;刘海长度不超过眉毛,修剪整齐;头发长度不宜过肩膀,超过肩膀须佩戴头花,将头发绾于头花网内		
手部	保持手部清洁,不留长指甲,不使用醒目艳丽的指甲油、工艺甲片或指甲装饰		
口腔	牙齿清洁,口腔无异味		
体味	不宜喷洒味道过浓、气味怪异的香水;无汗渍导致的异味		

仪容自检(男士)

自检部位	标准内容	是否符合标准	改善
面部	面部干净整洁:无灰尘、无泥垢、无汗(污)渍、无分泌物。 不留大鬓角和胡须,不佩戴耳部饰物。 保持亲切笑容		

续表

自检部位	标准内容	是否符合标准	改善
发型	整齐利落、清洁清爽（前发不覆额，侧发不掩耳，后发不及领）；染发颜色不过度夸张、明显		
手部	不留长指甲，指甲干净整齐		
口腔	牙齿清洁，口腔无异味		
体味	不宜喷洒味道过浓、气味怪异的香水；无汗渍导致的异味		

（2）车站各岗位服务人员对照以下仪表要求进行自我仪表检查并做调整。

仪表自检（女士）

自检部位	标准内容	是否符合标准	改善
套装	套装干净无褶皱、平整挺括； 领口、袖口保持整洁干净，衬衫的下摆披入裙腰之内； 最上面的一粒纽扣可以不系上，其他纽扣系好； 裙子长短合适		
鞋袜	鞋面干净光亮； 鞋袜颜色搭配合适； 丝袜无跳丝、破洞或修补		
丝巾	丝巾系法合适、佩戴美观； 与衬衫颜色搭配合适		
工帽	工帽徽章居中，刘海以及两鬓头发均须放进工帽内； 帽檐基本与眉持平		
工号牌	工号牌戴在与左胸前口袋上沿线对齐的位置； 挂绳式工号牌照片和字面朝向乘客； 工号牌绳放在制服外侧； 工号牌上无饰物		

自检部位	标准内容	是否符合标准	改善
制服	干净无褶皱； 领口、袖口保持整洁干净，衬衫放在裤子里侧； 裤子长度合适； 套装或衬衫的胸袋内不放钱包、硬币等物品； 不立领、不挽袖、不挽裤、不缺纽扣		

续表

自检部位	标准内容	是否符合标准	改善
领带	领带的打法正确； 打好后的领带结美观、松紧合适； 领带长度适中； 与衬衫颜色搭配合适		
鞋袜	鞋面干净光亮； 鞋袜颜色搭配合适		
工帽	工帽徽章居中，帽檐基本与眉持平		
工号牌	工号牌戴在与左胸前口袋上沿线对齐的位置； 挂绳式工号牌照片和字面朝向乘客； 工号牌绳放在制服外侧		

评价反馈

评分项目	分值	自我评价得分	教师评价得分
工作页已完成（全部完成10分，其余0分）	10		
了解城市轨道交通客运服务人员仪容仪表规范	5		
仪容规范：面部	10		
仪容规范：发型	5		
仪容规范：其他	5		
仪表规范：制服、套装	10		
仪表规范：配饰	5		
总分			

知识要点

一、仪容仪表要求

城市轨道交通客运服务人员无论长相如何，在服务工作中都应该保持仪容洁净自然，并进行得当的修饰，这是城市轨道交通客运服务人员具备职业素养的重要考核标准，具体要求如下：

(1)员工上班时间均应按规定着装。窗口岗位员工穿着的工作制服类型应统一（如各站统一季节服装、长（短）袖等）。非上班时间原则上不着工作制服；穿着工作制服的员工，在乘客服务区内的一切行为举止均按上岗时的规定执行。

(2)窗口岗位员工穿着工作制服时应按规定佩戴领带(领花)、工号牌。佩戴的标志要清洁平整,工号牌戴在左胸上沿(如未配发工号牌或工号牌丢失期间应佩戴本人胸卡)。非窗口岗位员工在分公司范围内必须佩戴胸卡,胸卡统一用胸卡带挂在胸前,并保持照片和字面朝向乘客。

(3)员工穿着制服时,应衣着整洁,不缺扣、不立领、不挽袖挽裤。窗口岗位员工凡穿着制服时,必须按规定系黑色腰带,穿着黑色皮鞋,穿着深色袜子,皮鞋要保持光亮、整洁。

(4)窗口岗位的女员工头发长度超过肩膀时,必须佩戴头花,将头发绾于头花网内。窗口岗位男员工不准留长发、大鬓角、胡须和剃光头。

(5)所有员工穿着制服时妆容、发型、首饰应简洁大方,不能佩戴夸张饰物。

二、行为举止要求

(1)员工在岗时要精神饱满,行为端正,举止大方;不得当乘客面剪指甲、挖耳朵、打哈欠及伸懒腰等;员工着制服,不得在公共区有勾肩搭背、挽手等行为。

(2)员工在岗时应遵章守纪、遵守作业标准;在岗期间不得聚众聊天、看书看报、打电话发短信、上网玩游戏等做与岗位工作无关的事。

(3)员工在回答乘客问询时,要耐心有礼、面带微笑,应站立或停下手中的工作认真回答,如工作确实无法终止应请乘客稍等,并在工作后第一时间回答;不得对乘客不理不睬、边走边答,也不得以摇头、点头等方式回答乘客;对自己无法回答的问询,应请教同事,不得误导乘客。

(4)对违反相关规定的乘客应耐心解释和劝导,用词委婉温和,不得对乘客有大声呵斥、推、拉、扯、拽等行为。

(5)员工着制服乘车、候车时,原则上不得坐在座椅上,应主动维持乘车、候车秩序。

(6)值班员、站务员在岗期间不得携带手机、MP3、MP4等电子产品。

拓展阅读

工作妆化妆步骤

城市轨道交通女性客运服务人员适度使用化妆品进行仪容修饰有助于表现服务人员的自尊自爱、爱岗敬业的精神,以及训练有素的职业素养。化工作妆时要注意自然淡雅、扬长避短、整体协调,给人一种和谐、美丽、端庄的美好印象。

化妆前做好皮肤的清洁与护理,保证皮肤干净、健康、湿润。具体化妆步骤如下:

第一步:打底妆。

选择跟肤色同色号、保湿的粉底液,若粉底色太白,会有"浮"的感觉。粉底不可涂抹过厚,可用拍打的手法薄薄施上一层,注意发际与颈部要有自然的过渡,以免产生"面具"似的感觉。

第二步:定妆。

等到底妆吸收之后,就可以用刷子轻轻扫上蜜粉了,也可以使用粉扑轻轻按压,使之与底妆融合,千万不要遗忘眼角、鼻翼、嘴角这些油脂分泌旺盛区域。

第三步：画眼线。

定出眼尾至眼角 1/3 处，决定眼线位置；要贴着睫毛根部描画，工作妆眼线稍微细些。上眼线从内眼角向外眼角画，下眼线从外眼角向内眼角画。

第四步：刷睫毛。

服务人员睫毛膏以黑色、深棕色为宜；刷睫毛时先将睫毛用睫毛夹夹翘，然后均匀涂抹睫毛膏；涂睫毛膏时，眼睛往下看，把睫毛的根部尽量露出来，把睫毛刷头插入睫毛根部，保持 2~3 秒，然后往睫毛尾部拉，让睫毛根根分明。

第五步：画眉。

用眉笔顺着眉毛的生长方向进行描画；用眉刷定型。最好用深棕色、浅棕色眉笔，切不可将眉毛画成一条重重的黑色。

第六步：上腮红。

以腮红刷蘸取少量腮红，先上在颧骨下方，即高不及眼睛、低不过鼻底线、长不到眼长二分之一处，手势略做提升，即向斜上方刷，然后才略做延伸晕染。

第七步：涂唇彩。

通常使用无色或液体唇膏来保持唇部湿润，并使唇膏颜色保持持久；唇膏的颜色一般要与腮红颜色保持协调，注意它们的颜色应属同一色系；为避免口红长时间后产生化开的现象，可以在涂唇膏前先画唇线，但要注意应与唇膏颜色一致。

服务人员化工作妆时需要避免以下错误做法：化离奇出众的创意妆；以残妆示人；当众补妆。

拓展阅读

常用领带打法

一、温莎结

温莎结（Windsor knot）比较浪漫，以温莎公爵命名，因为他非常喜欢这种打法。它是非常经典的一种领带打法，也受到很多绅士的喜欢。温莎结打出来非常饱满，呈三角形（见图 1-22），与温莎领最相配，比较正式。过厚的领带不太适合打温莎结。

图 1-22　温莎结打法

二、半温莎结

半温莎结(the half-Windsor knot)可以说是温莎结的改良版,打起来比温莎结容易(见图1-23)。比较细窄的领带很适合打半温莎结,搭配标准领、小尖领都可以。质地较厚的领带也不适合打半温莎结。

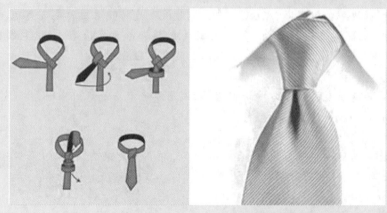

图1-23 半温莎结打法

三、马车夫结

马车夫结(the simple knot)又叫简式结,也是非常简单、容易上手的一种打法(见图1-24),适合面料较厚的领带,不会造成领带结过于臃肿累赘。马车夫结在调整领带长度上很方便,外出整装非常简单。

四、交叉结

交叉结(cross knot)的领结形状呈一个细长的锐角三角形,结型非常漂亮,适合窄款领带,显现出一种干练精致的感觉。且在这种打法下,表面呈交叉状,平添一份玩味,对于不甘于枯燥的职业化打扮的男士来说,是一个很不错的选择(见图1-25)。

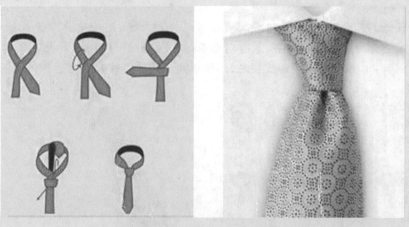

图1-24 马车夫结打法

图 1-25 交叉结打法

无锡地铁窗口岗位仪容仪表对照表如表 1-10 所示。

表 1-10 无锡地铁窗口岗位仪容仪表对照表

项目	基本要求	正确仪容仪表示意图	错误仪容仪表
制服	1. 干净无褶皱； 2. 领口、袖口保持整洁干净，衬衫放在裤子里侧； 3. 裤袋限放工作证等扁平物体或体积微小的操作工具，避免服装变形，钥匙不挂在皮带扣上； 4. 季节更替时，车站统一更换制服，不得擅自替换		1. 缺扣、立领、卷袖、挽裤； 2. 在套装和衬衫的胸袋内放入钱包、硬币等物品
领带（领花）	1. 领带要经常清洗熨烫，领带结要端正、饱满、干净； 2. 着马甲时应将领带置于马甲内，系好后的领带长度以盖住腰带头为宜； 3. 女士领花要端正、饱满、干净，不得随意散开		1. 领带置于马甲外； 2. 领花随意散开
鞋袜	1. 穿黑色皮鞋，鞋面保持干净； 2. 穿深色袜子； 3. 女员工着裙装时，长袜颜色应选择与肌肤相贴近的自然色或者暗色系中的浅色丝袜		1. 穿极度磨损的鞋和露脚趾、脚跟的鞋； 2. 穿图案过多的袜子和浅色袜子

续表

项目	基本要求	正确仪容仪表示意图	错误仪容仪表
工号牌	1. 佩戴的标志要清洁平整，工号牌戴在左胸上沿，并与地面保持水平； 2. 佩戴挂绳式胸卡时，照片和字面应朝向乘客，挂绳放在制服外侧； 3. 佩戴党（团）徽时，应将党（团）徽佩戴于工号牌中上方； 4. 工号牌完好无损、清晰整洁		1. 胸牌上有装饰物； 2. 胸牌有损坏
腰包	1. 着春秋、夏装时，站台岗须佩戴腰包； 2. 腰包佩戴于黑色腰带上，位于腰部右前方； 3. 着马甲、外套时须保证腰包展露在马甲、外套外； 4. 腰包内只可放置与工作相关的物品		1. 腰包内放置个人物品； 2. 腰包佩戴至后背位置； 3. 腰包置于外套、马甲内
发型	1. 整齐利落，清洁； 2. 发长过肩的女性必须佩戴有发网的头饰，将头发绾于发网内，且发网的最低位置不得低于衣领，头花端正； 3. 男性要剪短发，具体要求为"前发不覆额，侧发不掩耳，后发不及领"； 4. 戴帽子时，应将刘海放入帽子内侧，帽徽应朝正前方，不得歪戴		1. 烫发、染发过度明显夸张； 2. 留怪异发型或漂染怪异发色； 3. 女员工长发遮挡脸部； 4. 男员工留长发、鬓角遮挡耳部，或留光头
面容	1. 女性上岗应化淡妆，保持清洁的仪容； 2. 避免使用味道浓烈的化妆品及香水； 3. 男性应保持脸部洁净，不可留胡须； 4. 适时保持亲切的笑容		1. 化浓妆或怪异妆； 2. 工作时化妆； 3. 使用味道浓烈的化妆品； 4. 男员工留胡须
口腔	1. 保持牙齿、口腔清洁； 2. 定期除掉牙齿上的尼古丁痕迹； 3. 去除吸烟过多而引起的口腔异味		1. 工作前食用葱、蒜等带有刺激性的食物，口腔有异味； 2. 牙齿有明显的黄褐污迹

续表

项目	基本要求	正确仪容仪表示意图	错误仪容仪表
手部	1.时刻保持指甲干净整齐,经常修剪; 2.只可涂肉色和透明色指甲油		1.指甲过长; 2.使用指甲装饰品
配饰	1.可以佩戴的配饰有:风格简约的手表、婚戒(戒指不可过宽)、一对耳钉(女士); 2.佩戴纯色镜架和无色镜片眼镜; 3.饰品应自然大方,不可过度明显夸张		1.佩戴有色框架眼镜; 2.男员工佩戴耳部饰物; 3.佩戴彩色发夹

任务4 交接班工作

学习目标

1.知识目标:
- 掌握城市轨道交通车站交接班原则;
- 掌握城市轨道交通车站交接班内容;
- 掌握城市轨道交通车站台账记录规范。

2.技能目标:
- 能够清点各种备品的数目及状态;
- 能够对当班期间的各种工作完成的进度及完成情况进行交接;
- 车站台账记录简明扼要、重点突出。

3.素质目标:
- 加强沟通,营造和谐的团队协作氛围;
- 突破职业思维,具备创新精神;
- 树立积极心态,消除消极心态。

发布任务

每个班组在交接班后开车站接班会,会议时间控制在 15 min 以内。会议在车控室防火观察窗外站厅前开展,由接班值班站长主持。会议参加人员包括所有接班员工以及当班的保安、保洁与安检人员。本次任务要求根据值班站长、行车值班员、客运值班员、站务员交接制度完成相应"车站交接记录表"等记录以及相关设备情况的对口交接。

落实任务

（1）根据各岗位交接班内容选择相应的台账记录本完成表内各岗位交接班内容填写。

a. 行车日志　　　　　　　　　　　　b. 值班人员登记本
c. 车站票务交接班登记本　　　　　　d. 信息传递本
e. 车站售票问询处交接班记录本　　　f. 车站门禁卡/钥匙借出登记本
g. 车站施工登记本　　　　　　　　　h. 调度命令本
i. 车站设备、设施故障登记本　　　　j. 车站巡视记录本
k. 车站备品借用/归还登记本　　　　 l. 车站客服中心交接班登记本
m. 站台保安交接班本

岗位	交接内容	台账记录
值班站长	岗位人员情况	
	车站设备设施、工器具、备品状态	
	门禁卡/钥匙、备品借用情况	
	列车运行情况	
	车站施工情况	
	车站票务工作	
	核实上一班完成或未完成的工作	
	其他需特别说明的情况	

续表

岗位	交接内容	台账记录
行车值班员	进路开通及 LOW 工作状态（连锁站）	
	车控室 SC 系统、门禁系统、PI 系统、EMC 系统、FA 系统运行情况	
	列车运行情况	
	车站设备设施、工器具、备品状态	
	行车备品情况（数量及状态），门禁卡/钥匙、备品借用情况	
	车站施工情况	
	核实上一班完成或未完成的工作	
	其他需特别说明的情况	
客运值班员	AFC 设备、门禁卡/钥匙、工器具、备品备件及对讲设备情况	
	备用金、票款及车票数量	
	发票	
	核对票务报表	
	其他需特别说明的情况	
站务员（售票工作）	票务备品、工器具及对讲设备	
	钥匙（票厅钥匙、BOM 现金抽屉钥匙等）	
	登录 BOM，检查 BOM 状态	
	其他需特别说明的情况	
站务员（厅巡工作）	对讲设备及钥匙（员工通道门钥匙、自动扶梯钥匙等）	
	设备、设施状况	
	其他需特别说明的情况	
站务员（站台岗）	对讲设备及行车备品状态	
	钥匙（站台监视亭钥匙、PSL 钥匙、屏蔽门钥匙、PECU 复位钥匙、员工通道门钥匙、自动扶梯钥匙）数量及状态	
	设备、设施状况	
	其他需特别说明的情况	

(2) 各岗位工作人员完成"值班人员登记表"：

年　　月　　日　　星期

员工签到表

姓名	岗位	签到时间	签走时间	备注	姓名	岗位	签到时间	签走时间	备注

交接班签名

岗位	早班		中班		晚班	
	交班人	接班人	交班人	接班人	交班人	接班人
值班站长						
行车值班员						
客运值班员						

重点工作交接情况说明

序号	内容	完成情况

（3）行车值班员完成"车站门禁卡/钥匙借出登记表""车站设备、设施故障登记表"：

车站门禁卡/钥匙借出登记表

日期	借用门禁卡/钥匙编号	数量	借用单位	借用人	借用时间	值班员签名	归还时间	值班员签名	备注

车站设备、设施故障登记表

登记					销记				
日期	时间	设备故障现象	通知部门	值班员签名	日期	维修人员到达时间	设备恢复状态	维修人员签名	值班员签名

（4）客运值班员完成"车站票务交接班登记表"：

车站票务交接班登记表

交班人姓名	值班员		交班人员工号	值班员		交班时间	年　月　日
	值班站长			值班站长			时　分

现金送款单回执		备用金	本班增加数/减少数	本班结存
票款		纸币		
		硬币		
		总计		

未开钱箱号码：

1.　　　2.　　　3.　　　4.　　　5.　　　6.　　　7.
8.　　　9.　　　10.

票务钥匙	本班增加数/减少数	本班结存	状态	票务钥匙	本班增加数/减少数	本班结存	状态
闸机钥匙				单程票箱钥匙			
TVM 维修门钥匙				TCM 主机钥匙			
纸币钱箱 1 钥匙				TCM 底座钥匙			
纸币钱箱 2 钥匙				TSM 钥匙			

续表

票务钥匙	本班增加数/减少数	本班结存	状态	票务钥匙	本班增加数/减少数	本班结存	状态
TVM硬币钱箱钥匙				TSM后门钥匙			
TVM硬币补充箱钥匙				客服中心钥匙			
AVM维修门钥匙				文件柜钥匙			
BOM自动出票机钥匙				保险柜钥匙			
BOM收银钱箱钥匙				钥匙柜钥匙			
票务备品	本班增加数/减少数	本班结存	状态	票务备品	本班增加数/减少数	本班结存	状态
手推车				点币机			
纸币钱箱				补币箱			
硬币钱箱				售票盒			
点票机				配票箱			
验钞机							

| 票种项目 | 上班结存 | 增加数 | | | 减少数 | | | 本班结存 |
		票务室配票+	BOM发售后归还+		给售票员配票	TVM配票	上交票务室	

续表

发票	本班增加数/减少数	本班结存	发票	本班增加数/减少数	本班结存
¥			¥		
¥			¥		
¥			¥		
¥			¥		
备注					
接班人姓名	值班员		接班人员工号	值班员	
	值班站长			值班站长	

接班时间	年 月 日
	时 分

（5）站务员（售票工作）完成"车站客服中心交接班登记表"：

车站客服中心交接班登记表

票亭编号：　　　　　　　　　　年　月　日

BOM设备号：		BOM设备号：	
交接项目	备注情况	交接项目	备注情况
交接时间		交接时间	
交班人签名		交班人签名	
接班人签名		接班人签名	

评价反馈

评分项目	分值	自我评价得分	教师评价得分
工作页已完成（全部完成10分，其余0分）	10		
掌握城市轨道交通车站交接班内容	10		
正确填写"值班人员登记表"	5		
正确填写"车站门禁卡/钥匙借出登记表"	5		
正确填写"车站设备、设施故障登记表"	5		
正确填写"车站票务交接班登记表"	10		
正确填写"车站客服中心交接班登记表"	5		
总分			

知识要点

一、交接班原则

清楚明了、重点突出，使接班人员能从站务信息管理系统或纸质台账中清楚了解上一班工作情况，重要事项详细清楚，一般事务简明扼要。

交接完毕、交接双方签认后，出现因交接不清而产生的问题时由接班人员负责。

二、交接班会内容

每个班组在交接班后开车站接班会，会议时间控制在 15 min 以内。会议在车控室防火观察窗外站厅前开展，由接班值班站长主持。会议参加人员包括所有接班员工以及当班的保安、保洁与安检人员。接班会的内容如下：

参加接班会的员工立岗，值班站长检查员工的仪容仪表是否符合标准，如不符合，及时督促整改；

总结本班及上几班情况及存在的问题；

重要文件、通知的传达；

运营信息的传达；

进行业务学习并抽查。

出现以下情况之一的不允许交接班：一次作业未完成；备品不齐；岗位卫生不清洁。

三、各岗位交接内容

各岗位交接内容如表1-11所示。

表 1-11　各岗位交接内容

岗位	交接内容	台账记录
值班站长	岗位人员情况	值班人员登记本
	车站设备设施、工器具、备品状态	车站巡视记录本,车站设备、设施故障登记本
	门禁卡/钥匙、备品借用情况	车站门禁卡/钥匙借出登记本、车站备品借用/归还登记本
	列车运行情况	行车日志、值班人员登记本
	车站施工情况	车站施工登记本
	车站票务工作	车站票务交接班登记本
	核实上一班完成或未完成的工作	值班人员登记本、信息传递本、车站票务交接班登记本
	其他需特别说明的情况	值班人员登记本
行车值班员	进路开通及 LOW 工作状态(连锁站)	
	车控室 SC 系统、门禁系统、PI 系统、EMC 系统、FA 系统运行情况	
	列车运行情况	行车日志、值班人员登记本
	车站设备设施、工器具、备品状态	车站设备、设施故障登记本
	行车备品情况(数量及状态),门禁卡/钥匙、备品借用情况	车站门禁卡/钥匙借出登记本、车站备品借用/归还登记本
	车站施工情况	车站施工登记本、调度命令本
	核实上一班完成或未完成的工作	值班人员登记本、信息传递本
	其他需特别说明的情况	值班人员登记本
客运值班员	AFC 设备、门禁卡/钥匙、工器具、备品备件及对讲设备情况	车站票务交接班登记本
	备用金、票款及车票数量	车站票务交接班登记本
	发票	
	核对票务报表	车站票务交接班登记本
	其他需特别说明的情况	车站票务交接班登记本
站务员(售票工作)	票务备品、工器具及对讲设备	车站售票问讯处交接班记录本
	钥匙(票厅钥匙、BOM 现金抽屉钥匙等)	车站售票问讯处交接班记录本
	登录 BOM,检查 BOM 状态	
	其他需特别说明的情况	车站售票问讯处交接班记录本

续表

岗位	交接内容	台账记录
站务员（厅巡工作）	对讲设备及钥匙（员工通道门钥匙、自动扶梯钥匙等）	车站门禁卡/钥匙借出登记本、车站备品借用/归还登记本
	设备、设施状况	车站设备、设施故障登记本
	其他需特别说明的情况	
站务员（站台岗）	对讲设备及行车备品状态	站台保安交接班本
	钥匙（站台监视亭钥匙、PSL钥匙、屏蔽门钥匙、PECU复位钥匙、员工通道门钥匙、自动扶梯钥匙）数量及状态	站台保安交接班本
	设备、设施状况	站台保安交接班本
	其他需特别说明的情况	站台保安交接班本

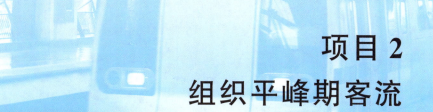

项目 2
组织平峰期客流

任务 1　车站巡视

扫码查看
项目资源

学习目标

1. 知识目标：
- 了解车站巡视规章制度；
- 掌握车站内设施及布局。

2. 技能目标：
- 理解车站巡查规章制度，能够根据工作实际提出改进建议；
- 能够正确携带巡视各岗位所需携带的工具，能够正确选择、使用、维护、保管工具；
- 站务员能够依据规章制度独立开展车站巡视，判断状态，做好记录；
- 值班站长能够监督车站巡视，能够进行防火安全巡视。

3. 素质目标：
- 遵守安全至上原则，深刻认识到小错误可能导致大灾害；
- 坚守岗位职责，不偷懒，防微杜渐；
- 主动热情，耐心和乘客沟通。

发布任务

地铁车站是地铁系统客运服务最重要的基础设施，车站管理是构成地铁运营安全的必要组成部分，车站巡视是车站管理的重要内容。下图为某地铁车站结构示意图，站务员交接班后，应立即对该车站进行巡视，掌握整个车站的设备和乘客情况。

涉及岗位：厅巡岗、站台岗。

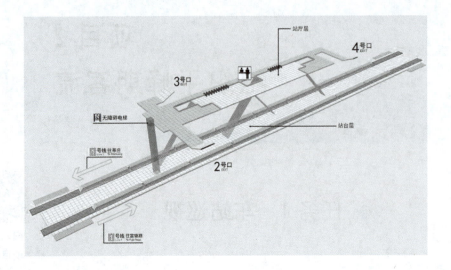

落实任务

一、岗位：厅巡岗

1. 明确巡视范围

序号	车站区域	是否巡视
1	全站	
2	站厅	
3	站台	
4	出入口	
5	楼梯	
6	自动扶梯	
7	垂直电梯	
8	客服中心	
9	设备区	
10	管理用房	
11	其他	

2. 选择携带工具

序号	工具	是否携带
1	员工通道门钥匙	
2	自动扶梯钥匙	

续表

序号	工具	是否携带
3	对讲机	
4	PSL 钥匙	
5	屏蔽门钥匙	
6	其他	

3. 确认巡视内容

序号	巡视内容	巡视情况	确认打"√"
1	自动售票机	是否处于正常工作状态； 是否要更换钱箱/票箱； 是否存在不正确使用 TVM 现象	
2	闸机	是否处于正常工作状态； 是否存在不正确使用闸机情况	
3	公告栏	是否正确张贴通知等； 是否有玻璃破裂等不安全问题	
4	导向标志	是否正确显示	
5	活动护栏	是否按规定摆放； 是否存在安全隐患	
6	扶梯、垂直电梯	是否有异声、异响； 是否存在不正确乘坐电梯现象； 电梯开/关/停按钮是否正常	
7	PI 系统	是否正常显示	
8	照明	是否正常照明； 是否存在灯不稳定现象	
9	屏蔽门	是否正常开关； 是否有异响、异声； 指示灯显示是否正常	
10	紧急停车按钮状态	是否正常工作	
11	土建设施	是否正常，有没有安全隐患	
12	消防设施状态	是否在有效期内； 是否能正常工作	
13	乘客状态	乘客是否有序、是否安全； 乘客是否存在可疑行为	

续表

序号	巡视内容	巡视情况	确认打"√"
14	车站环境	是否有可疑物品； 运营结束时检查站台四角是否遗留人、遗留物； 卫生情况是否良好	
15	其他		

4. 画出巡视路线

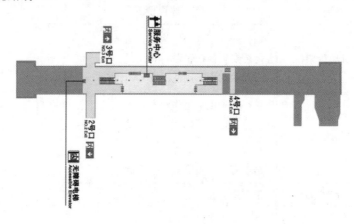

5. 填写巡视台账

巡视记录表

巡视时间	巡视区域	巡视情况	巡视人

二、岗位：站台岗

1. 明确巡视范围

序号	车站区域	是否巡视
1	全站	
2	站厅	
3	站台	
4	出入口	
5	楼梯	
6	自动扶梯	
7	垂直电梯	
8	客服中心	
9	设备区	
10	管理用房	
11	其他	

2. 选择携带工具

序号	工具	是否携带
1	员工通道门钥匙	
2	自动扶梯钥匙	
3	对讲机	
4	PSL 钥匙	
5	屏蔽门钥匙	
6	其他	

3. 确认巡视内容

序号	巡视内容	巡视情况	确认打"√"
1	自动售票机	是否处于正常工作状态； 是否要更换钱箱/票箱； 是否存在不正确使用 TVM 现象	
2	闸机	是否处于正常工作状态； 是否存在不正确使用闸机情况	

续表

序号	巡视内容	巡视情况	确认打"√"
3	公告栏	是否正确张贴通知等； 是否有玻璃破裂等不安全问题	
4	导向标志	是否正确显示	
5	活动护栏	是否按规定摆放； 是否存在安全隐患	
6	扶梯、垂直电梯	是否有异声、异响； 是否存在不正确乘坐电梯现象； 电梯开/关/停按钮是否正常	
7	PI系统	是否正常显示	
8	照明	是否正常照明； 是否存在灯不稳定现象	
9	屏蔽门	是否正常开关； 是否有异响、异声； 指示灯显示是否正常	
10	紧急停车按钮状态	是否正常工作	
11	土建设施	是否正常，有没有安全隐患	
12	消防设施状态	是否在有效期内； 是否能正常工作	
13	乘客状态	乘客是否有序、是否安全； 乘客是否存在可疑行为	
14	车站环境	是否有可疑物品； 运营结束时检查站台四角是否遗留人、遗留物； 卫生情况是否良好	
15	其他		

4. 画出巡视路线

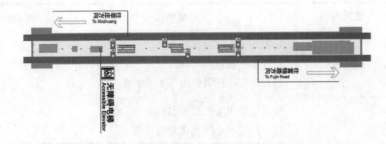

5. 填写巡视台账

巡视记录表

巡视时间	巡视区域	巡视情况	巡视人

拓展任务

(1)搜集不同城市不同地铁车站的布局设计,对其布局进行优缺点分析,并画出巡视路线。

(2)作为值班站长,进行车站巡视工作,并填写车站巡视记录表。

序号	巡视内容	巡视要求	巡视情况（打"√"）	整改情况
1	员工仪容仪表	穿着工作装,干净、整洁、大方		
		规范用语		
2	客流情况	站厅客流有序进站出站		
		售票处、检票口、安检处有序排队		
		站台乘客有序候车		
		无可疑人员		
3	自动售票机	设备处于正常工作状态		
		及时更换钱箱/票箱		
		乘客正确使用TVM		
		出票口、投币口无杂物堵塞		
4	闸机	乘客显示屏显示正常,设备正常工作		
		出票口、入票口无杂物堵塞		
		扇门开关正常		
		乘客正确使用闸机		
5	公告栏	公告栏正确张贴通知等		
		公告栏无玻璃破裂等不安全问题		
6	广告牌	广告牌显示正确,广告灯箱正常		
7	导向标志	导向标志无破损		
		导向标志内容正确、清晰、完整		
8	活动护栏	按规定摆放		
		不存在安全隐患		
9	扶梯、垂直电梯、楼梯	无异声、异响		
		乘客正确乘坐电梯		
		电梯开/关/停按钮正常		
		梯级、台阶干净		
10	PI系统	显示屏正常显示		

续表

序号	巡视内容	巡视要求	巡视情况（打"√"）	整改情况
11	照明	正常照明		
		不存在灯不稳定现象		
12	屏蔽门	正常开关		
		无异响、异声		
		指示灯显示正常		
13	紧急停车按钮状态	正常工作		
14	出入口	无障碍物堵塞		
		无闲杂人员逗留（摆摊等）		
15	车控室	工作人员认真工作，无闲杂人员		
		物品摆放整齐，管理有序		
16	AFC票务室	工作人员认真工作，无闲杂人员		
		物品摆放整齐，管理有序		
		保险柜锁闭		
17	客服中心	工作人员标准化工作，无闲杂人员		
		物品有序摆放		
		门锁闭		
18	消防（防火巡查）	站厅防火巡查正常		
		站台防火巡查正常		
		设备区防火巡查正常		
		消防箱封条完好，灭火器、消防面具在有效期内，摆放正确，消防水管无泄漏		
		消防安全标志正确、完整		
		疏散通道、出口畅通		
		防火卷帘门下方无杂物堆放		
		无违章用电用火情况		
		乘客或工作人员未携带易燃易爆物品		

续表

序号	巡视内容	巡视要求	巡视情况（打"√"）	整改情况
19	土建施工	按规定流程报备施工		
		现场无安全隐患		
		施工结束清扫干净		
20	车站环境	运营结束时检查站台四角,未遗留人、遗留物		
		无可疑物品		
		洗手间卫生良好,无异味		
		地面整洁、无积水,垃圾箱未满		

评分项目	分值	自我评价得分	教师评价得分
工作页已完成(全部完成10分,其余0分)	10		
了解车站巡视的规章制度	5		
掌握车站巡视所要携带的工具	5		
掌握车站巡视范围	10		
掌握车站巡视的工作内容	10		
掌握车站布局	5		
掌握巡视台账填写	5		
总分			

知识要点

一、车站巡视制度

1. 巡视要求

值班站长、客运值班员应保证每班至少巡视三次,有厅巡的车站巡站频率原则上每两小时一次,并做好巡视记录。遇突发事件不能按时巡视时需注明原因。遇客流高峰、恶劣天气、重大活动等情况,应根据需要增加巡视次数,如实填写巡视台账,发现问题必须在台账上详细注明,要有跟进措施,完成后签名确认。巡视时需携带工具包括员工通道门钥匙、自动扶梯钥匙、PSL钥匙、屏蔽门钥匙、对讲机等。

巡视时要达到以下要求:

①认真——巡视人员必须以认真负责的态度去巡视所管辖的范围；
②细致——从细微处着手，做到防微杜渐；
③周全——岗位职责内的设备、设施、人员等都必须检查；
④及时——巡视、记录、汇报、处理及时；
⑤真实——填写台账必须真实，不能弄虚作假，发现问题及时跟进，完成后签名确认。

2. 巡视范围

值班站长：全站、各出入口外面5米范围内、车站风亭、冷却塔等。

客运值班员：售票问讯处、站厅、各通道、各出入口。

厅巡岗：出入口、站厅、楼梯、自动扶梯、垂直电梯等。

站台岗：站台区域。

3. 巡视内容

①值班站长。

a. 巡视客流量大小，乘客候、乘车秩序；

b. 检查车站各岗位人员的在岗工作状态（包括安检人员）；

c. 监督车站施工、检修作业情况；

d. 检查车站各类设备运行情况；

e. 检查车站管辖范围内环境卫生及站厅商铺经营规范情况。

②客运值班员。

a. 巡视出入口卷帘门、电扶梯、消防等设备性能，发现故障及时报修，完成车站防火/综治巡查；

b. 巡视 AFC 设备状态，及时更换票箱，发现故障及时处理、报修；

c. 关注乘客购票及候车动态、站内客流状况；

d. 检查客服中心岗在岗工作状态。

③厅巡岗。

厅巡员巡视内容如表 2-1 所示。

表 2-1 厅巡员巡视内容

序号	巡视内容	巡视情况
1	自动售票机	是否处于正常工作状态； 是否要更换钱箱/票箱； 是否存在不正确使用 TVM 现象
2	闸机	是否处于正常工作状态； 是否存在不正确使用闸机情况
3	公告栏	是否正确张贴通知等； 是否有玻璃破裂等不安全问题
4	导向标志	是否正确显示
5	活动护栏	是否按规定摆放； 是否存在安全隐患

续表

序号	巡视内容	巡视情况
6	扶梯、垂直电梯	是否有异声、异响； 是否存在不正确乘坐电梯现象； 电梯开/关/停按钮是否正常
7	PI 系统	是否正常显示
8	照明	是否正常照明； 是否存在灯不稳定现象
9	乘客状态	乘客是否有序、是否安全； 乘客是否存在可疑行为
10	车站环境	是否有可疑物品； 运营结束时检查站台四角是否遗留人、遗留物； 卫生情况是否良好
11	其他	

④站台岗。

站台岗巡视内容如表 2-2 所示。

表 2-2 站台岗巡视内容

序号	巡视内容	巡视情况
1	导向标志	是否正确显示
2	活动护栏	是否按规定摆放； 是否存在安全隐患
3	扶梯、垂直电梯	是否有异声、异响； 是否存在不正确乘坐电梯现象； 电梯开/关/停按钮是否正常
4	PI 系统	是否正常显示
5	照明	是否正常照明； 是否存在灯不稳定现象
6	屏蔽门	是否正常开关； 是否有异响、异声； 指示灯显示是否正常
7	紧急停车按钮状态	是否正常工作
8	乘客状态	乘客是否有序、是否安全； 乘客是否存在可疑行为

续表

序号	巡视内容	巡视情况
9	车站环境	是否有可疑物品； 运营结束时检查站台四角是否遗留人、遗留物； 卫生情况是否良好
10	其他	

二、车站客流组织服务设施设备

城市轨道交通车站客流组织服务设施设备主要包括排队类设备、通行类设备、容纳类设备、辅助导流类设备，如图 2-1 所示。

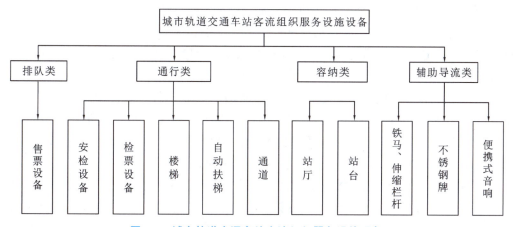

图 2-1 城市轨道交通车站客流组织服务设施设备

1. 排队类设施设备

排队类设施设备主要是售票设备。售票设备是为行人提供合法交通服务凭证的功能设备设施，主要包括人工售票窗口、自动售票机和半自动售票机等。售票设备设施一般布设在站厅内较为宽敞的位置，使购票的乘客有一定的排队空间。

2. 通行类设施设备

通行类设施设备包括安检设备、检票设备、楼梯、自动扶梯、通道。

①安检设备。安检是进入车站的乘客必须履行的检查手续，是保障乘客人身安全的重要预防措施。安检事关所有进入车站的乘客的人身安全，因此安检设备是城市轨道交通车站必不可少的一类设备。

②检票设备。城市轨道交通车站的检票设备是检查乘客交通服务凭证的专用设备，包括人工检票设备和自动检票闸机。自动检票闸机一般设置在城市轨道交通车站的付费区和非付费区之间，分为进站检票闸机、出站检票闸机和双向检票闸机。

自动检票闸机对车站客流的影响主要体现在闸机的通过能力和开放数量上，当进出站客流量超过了闸机的最大通过能力时，乘客将在进入闸机前产生排队，等候检票进出站，造成乘客的拥堵和滞留。因此，车站进出站检票闸机的数量必须满足乘客的进出站需求，与进出站的客流量相匹配,这样才能保证乘客在检票闸机处的顺利通过,不会形成堵塞。

③楼梯。楼梯是架设于城市轨道交通车站楼层之间的供乘客上下台阶的垂直移动类设施,具有一定坡度、踏步的高度和深度。楼梯按使用方式的不同可分为单向楼梯和双向楼梯,用于改变客流方向。由于楼梯的上下行客流之间存在较大的特性差异,因此楼梯又可分为上行楼梯和下行楼梯;对于双向使用的楼梯,则可看成是上行楼梯和下行楼梯的组合形式。

一般来说,乘客进入车站后,首先受到的是检票闸机能力的限制,致使超出闸机能力的乘客出现滞留,通过了闸机的乘客则很少因进站楼梯的能力限制而产生拥堵。而对于出站楼梯,由于列车的到达会带来较大的瞬时客流,将导致与站台衔接的楼梯处客流密度出现激增,因此站台的楼梯口较容易出现乘客滞留现象。

④自动扶梯。自动扶梯是自动运载乘客实现在城市轨道交通车站内不同楼层之间垂直移动的设备,是乘客走行垂直方向移动的主要设备之一。自动扶梯是固定运行方向的单向通过设备,乘客在自动扶梯内的移动速度取决于自动扶梯的输送速度,根据我国现行《地铁设计规范》的规定,城市轨道交通车站的自动扶梯输送速度共有 $0.5\ \text{m/s}$ 和 $0.65\ \text{m/s}$ 两种标准设置。

乘客使用自动扶梯的耗能和使用时间都比楼梯要少,舒适性也较楼梯高,因此大部分乘客会将自动扶梯作为首选的升降工具。只有当车站客流量较大而导致自动扶梯处出现了拥堵时,乘客才有可能选择楼梯通行。因此,在车站的客流高峰时段,自动扶梯处极易造成乘客拥堵,此时需要加强人员疏导,引导乘客选择楼梯通行。

⑤通道。通道是用于连接城市轨道交通车站的不同功能空间的通过类设施。依据其空间的封闭程度和流线组织的不同,可划分为开放式通道、封闭式通道和半封闭式通道。这三种通道除开放程度和流线组织存在区别外,乘客在不同类型的通道中的走行特性也不同,以走行速度为例,三类通道内的乘客走行速度大小为:封闭式通道＞半封闭式通道＞开放式通道。

通道宽度的大小会对客流密度产生较大的影响。若通道宽度较为狭窄,将使乘客不得不处于一个较狭窄的空间,前后左右的乘客存在相互干扰,进而将影响行进速度;如果通道是双向混行使用,则干扰影响将更大,造成通道内乘客拥堵。

3. 辅助导流类设施设备

①铁马、伸缩栏杆(含伸缩带)一般在客流流线引导、客流控制、扶梯维修防护等情况下使用。巡视时要求安全、稳固、无摇晃;使用时符合使用要求,未使用时收到非乘客服务区或乘客服务区域内靠边整齐摆放,不能阻碍乘客正常行走。

②不锈钢牌一般指用于对外发布信息的载体,根据形状可分为 H 型(固定、可移动)、L 型、A3 立柱型。巡视时要求稳固、安全、无摇晃;发布信息内容正确,张贴平整,无气泡、卷边;外观干净整洁,无灰尘、无污迹。

③为了给乘客提供一个安静的环境,便携式音响目前日常较少使用,一般在固定广播未覆盖到的位置开展客流控制、信息宣传及紧急情况下进行疏散组织时使用。车站人员要定期组织充电,检查其状态、音质是否正常。

> **拓展阅读**

广州上线智慧地铁示范车站

广州地铁在线网中选取已运营车站广州塔站和新建线路车站天河智慧城站先行试点智慧地铁示范车站,标志着新时代广州城市轨道交通建设的起航,为全国城轨大规模推广智能化及信息化技术、设备积累经验。智慧地铁示范车站采用迭代更新的轨道交通智慧操作系统,实现全息感知精准服务、高效安全运行保障、设备智能诊断和健康管理,提高服务质量、运维效率、运营效益,保障运营安全。

在广州塔站和天河智慧城站现场可以体验到不少智能功能:

无感票务:基于人脸识别技术,实现人脸识别无感通行新体验。乘客只需要在广州地铁乘车码小程序或广州地铁 APP 上实名注册个人信息,并绑定支付方式即可在 APM 线广州塔站的刷脸过闸设备实现无感通行。目前,三号线广州塔站和天河智慧城站的刷脸设备只能在本站使用,待测试成熟后正式上线。

智能客服:具有智能化的客服系统功能,乘客可以向客服机器人"悠悠"提问,了解广州地铁各方面的运营资讯,同时客服系统还支持站外导航,为乘客提供各类综合交通出行建议。客服系统后台设有人工客服功能,提供"一对一"的咨询互动,并根据乘客的需要,解答疑问,远程指导乘客操作,帮助乘客快速掌握和完成各种车站服务。

智慧安检:由实名注册 APP、安检票务一体机、太赫兹安检系统、集中判图平台等诸多车站安检设备设施,通过互联网、大数据平台、人脸识别、图像识别等多种技术融合而成,实现智慧安检。

广州地铁乘车码小程序和广州地铁 APP:集成人脸识别、票务、安检、客服、室内定位和物联网六个专业的功能,提供更多智能、便捷的出行服务。

智能照明:站内照明可根据不同时间、空间,调设车站照明场景,在出入口、站厅走廊、站台座椅、自助服务区按使用功能自动调节灯光,让照明更人性化。

智能边门:实现以人脸认证特殊乘客进出站的功能,提升免费通道自助体验,同时设置求助按钮及语音对讲装置,与站务人员联系。

站台门异物检测:采用顶置式、收发一体式的激光雷达传感器,对列车门与站台门之间的缝隙进行监测,降低夹人夹物事件概率与风险,保障乘客上下车安全。

智慧示范车站在运营管理和客流引导方面也进行了智慧提升:

5G 技术应用:示范站将最新的移动通信技术与产业结合,实现了 5G+超高清视频、5G+智慧边门、5G+智慧安检等多个应用,打造了全系列的 5G 方案。

移动站务管理:基于穗腾 OS 以任务为驱动,实现车站设备全景管控、多端互动、联网数据辅助运营管理、"一键式"开关站与巡站功能。

智能化视频监控:采用全高清数字视频系统,通过智能视频分析技术,实现车站客流状况监控、特殊人员行为监控、外部人员入侵监测、关键区域异常行为监控及报警,并实现车站 24 小时智能巡站和 AR 全景监控功能。

扶梯智慧运维系统:可实现扶梯运行状态实时监测、故障实时报警,提供健康度诊断和维修维护建议。

拓展阅读

日巡六圈 专门"挑刺"

34岁的孙瑞毅是上海地铁2号线徐泾东站的值班站长,服务地铁多年。他所服务的地铁车站距国家会展中心(上海)仅咫尺之遥,是展会核心区的关键服务窗口。身为值班站长,责任重大,为了保障地铁安全运营,确保每一位乘客便捷出行,他以最高标准来要求自己,每天认真巡视车站多达6圈,不放过每一个小问题。

早晨8时,日班开工,孙瑞毅开始首轮巡查,从站厅、站台到7个出入口、十多间机房。各角落仔细兜一圈,起码一个小时,走四五千步。

巡查绝非只是刷刷步数这么简单。头顶每一根暗灯管,脚下每一片小纸屑,都不能放过。前者必须当天修好,后者在20分钟内清理才算达标。类似细节还有扶手积灰、标识翘角、求助按钮失灵……多数小问题,他都会弯腰动手,立刻解决。

在这个过程中,他还当场阻止了两名试图在站内点烟的乘客。"有的烟民可能会不自觉地条件反射,情不自禁地掏出香烟和打火机,却忘了自己其实还没出站。"孙瑞毅解释说,遇到这种情况,他肯定要第一时间劝阻,既是为了站内安全和环境,也是在提醒帮助对方。"一旦香烟点燃,乘客将被处以200元罚款,如果在车厢内吸烟,还将面临行政拘留的处罚。"

乘客到不了的机房和施工区(迎接盛会,地铁站内多处升级改造),他也要去——查看设备、清点设施、监督施工。手持智能巡检装置里,列有每周必查的111条待检项目,包括安全意识、预案管理、客伤管理、应急物品、消防、安防、施工安全等等,其中将近半数是每天必查项。

如此循环往复,孙瑞毅一天要兜6圈。巡查空隙,他没空休息,要去安检台查工作形象、文明用语,摸传送带、隔挡帘、接物架,力争一尘不染;再去站厅和站台,带教站务员规范服务;回到车控室后,还要见缝插针地整理、归档各类文件(见图2-2)。

图2-2 孙瑞毅巡视站台

任务2　车站客流巡视

学习目标

1. 知识目标：
- 掌握车站日常客流组织；
- 掌握车站换乘客流组织；
- 掌握城市轨道交通车站客流导向标识；
- 掌握车站内乘客行为的正确引导。

2. 技能目标：
- 能够分清车站日常进站、出站、换乘客流流线，并依据规章进行客流巡视；
- 能够正确识别导向标识，判断标识的合理性；
- 能够迅速发现乘客的不安全行为，并正确引导乘客。

3. 素质目标：
- 遵守安全至上原则，坚守岗位职责，不偷懒，防微杜渐；
- 尊重科学，增强科技创新意识；
- 主动热情，耐心和乘客沟通。

发布任务

地铁车站是客流集聚和疏散的场所，对客流进行巡视，确保车站客流运送安全和客流运送过程畅通是车站管理的重要内容。下图为某地铁车站结构示意图，站务员需对该车站进行客流巡视，掌握整个车站的客流状况。

涉及岗位：站务员。

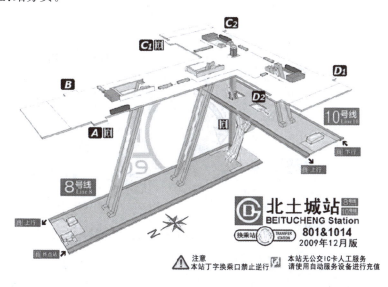

落实任务

一、明确日常客流流线

1. 进站客流流线

①根据以下选项进行进站客流流线排序。

a. 购票　　　　　b. 站台候车　　　　c. 上车
d. 进入站厅　　　e. 安检　　　　　　f. 进站检票

持一卡通乘客进站流线：_____

购买单程票乘客进站流线：_____

②客流从 A 出入口进入，并去往 8 号线上行方向，请画出客流进站流线图。

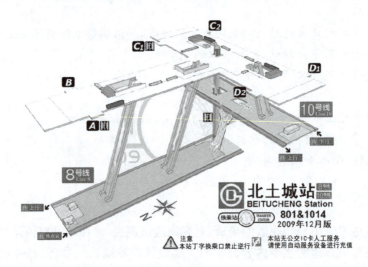

③客流从 D1 出入口进入，并去往 10 号线下行方向，请画出客流进站流线图。

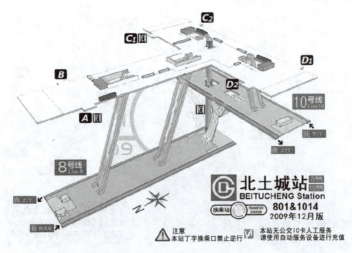

2. 出站客流流线

①根据以下选项进行出站客流流线排序。

a. 出站检票　　　　b. 出站　　　　c. 站台下车　　　　d. 补票

一般乘客出站流线：_____

超程补票乘客出站流线：_____

②客流从 8 号线下行方向下车，从 B 出入口出站，请画出客流出站流线图。

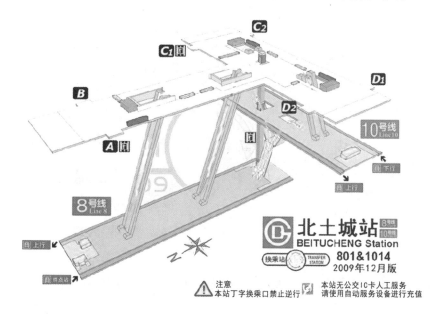

③客流从 10 号线上行方向下车，从 C1 出入口出站，请画出客流出站流线图。

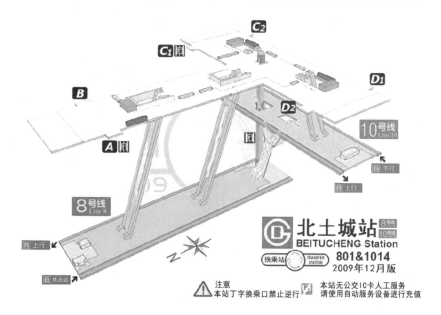

3. 换乘客流流线

①根据以下选项进行换乘客流流线排序。

a. 换乘通道　　　　b. 站台下车　　　　c. 站台上车　　　　d. 站台候车

②客流从8号线上行方向换乘10号线上行方向，请画出客流换乘流线图。

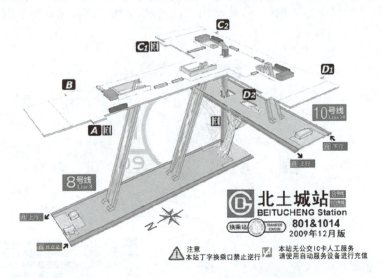

③客流从10号线下行方向换乘8号线下行方向，请画出客流换乘流线图。

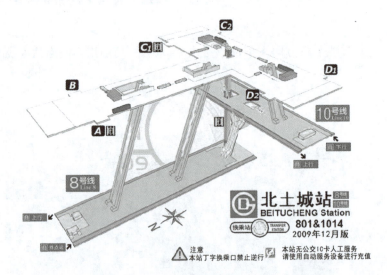

二、检查车站导向标识

请将以下地铁车站导向标识进行正确分类。

（1）

（2）

（3）

（4）

（5）

（6）

（7）

（8）

（9）

(10)　　　　　　　　　　　　　　　(11)

(12)　　　　　　　　　　　　　　　(13)

(14)　　　　　　　　　　　　　　　(15)

(16)　　　　　　(17)　　　　　　(18)

(1)按导向标识的设置形式分类：
属于立柱式导向标识的有：_____
属于地面式导向标识的有：_____
属于墙面式导向标识的有：_____
属于悬挂式导向标识的有：_____
(2)按导向标识的功能分类：
属于安全信息类导向标识的有：_____
属于设施提示类导向标识的有：_____
属于换乘指引类导向标识的有：_____
属于区位指引类导向标识的有：_____

三、引导乘客站内安全乘车

乘客出现以下行为，进行正确引导。

序号	乘客行为	安全引导
1	携带超长、超宽、超高、笨重物品进站	
2	携带易燃、易爆、有毒危险品进站	
3	奔跑、打闹	
4	电梯即将关闭，乘客抢上	
5	吸烟	
6	随意移动灭火器箱	
7	屏蔽门或车门即将关闭时，人员抢上、抢下	
8	倚靠、抚摸车门	
9	无故打开列车车门	
10	无故按压站台紧急停车按钮	
11	无故按压自动扶梯紧急停止按钮	
12	倚靠屏蔽门	
13	无故打开屏蔽门进入轨道	
14	倚靠扶梯挡板	
15	推轮椅上扶梯	

拓展任务

(1)利用课余时间选择就近的地铁车站进行实地走访，找出进站客流、出站客流、换乘客流的走行路线,并观察这些线路的引导标志是否正确合理以及乘客有无不安全行为。

(2)上网查询各个城市的"城市轨道交通运营管理办法",总结乘客进入地铁站后哪些行为需要制止。

评价反馈

评分项目	分值	自我评价得分	教师评价得分
工作页已完成（全部完成10分,其余0分）	10		
掌握进站客流流线组织	10		
掌握出站客流流线组织	10		
掌握换乘客流流线组织	10		
掌握车站各类导向标识	5		
掌握车站内乘客行为的正确引导	5		
总分			

知识要点

一、日常客流组织

客流组织的核心是流线的设计。所谓流线,是指车站内乘客的流动过程和流动路线。这些流线具体反映了客运作业对车站站房各类设施的设置及布局的基本要求,其组织水平,不但影响车站的作业安全、效率及能力,同时也直接关系到对乘客服务的质量。

1. 基本概念

①大客流:指一个或多个车站在一定时间内出现较大客流并有持续性发展的趋势,导致车站容纳能力、局部通过能力或列车运输能力明显不足时的客流。重点表现为:站内客流流线交叉、客流局部拥堵、站内客流流动变缓、站台乘客候车时间明显延长等。

②客流流线:指车站内乘客的流动过程和流动路线。客流流线主要是指进站客流流线、出站客流流线、换乘客流流线。

③引导:车站通过合理布置客运设施和增加人手,引导乘客按照指定的客流流线快速移动,减少客流交叉或拥堵。

④投放空车:空车直接从起点站、车场或正线存车线不停站、不载客运行至大客流站点,或载客列车前方车站清客运行至大客流站点进行载客,疏导大客流站点的客流。

⑤提前清客:OCC根据大客流车站的需求组织列车在前方车站清客,减少到达大客流车站的客流。

⑥快慢车行车调整:突发大客流时,车站根据现场实际需要,及时向OCC申请临时将快车调整为普通车,并通过车站、列车广播等途径及时告知乘客。

⑦越站:高峰期,站台积聚较多乘客并出现不受控制的隐患时,及时向OCC申请列车不停站通过的措施。

⑧客流控制:是指车站大客流或区段满载率达到一定程度时,通过控制站内或某一区域内乘客数量,确保客流组织有序的措施,可分为单站客流控制、线网级客流联控。

⑨单站客流控制:是指本站采取客流控制措施进行客流组织的行为。

⑩主控站：大客流换乘站或连续几个区段（满载率偏高）中最高满载率的车站，可以向OCC申请及取消线网控制。

⑪辅控站：指OD客流数据中本线及邻线车站对主控站客流影响较大、辅助主控站开展限流的车站，根据OCC命令启动及取消客流控制。

⑫线网级客流联控：指主控站本线或本线及邻线辅控站辅助主控站开展客流控制措施，将单位时间内的进站客流控制到一定数值的客流组织行为。具体限流数值要结合车站进站客流、车站有效容纳空间、乘客等候时间等多种因素进行计算。

2. 车站客流组织工作的原则

①避免各种流线相互交叉干扰。尤其进站客流流线与出站客流流线分开，进出站客流流线与换乘客流流线分开。

②最大限度地缩短乘客走行距离，避免流线迂回。尤其进出站客流流线中流量最大的普通客流流线，应该首先保证其流动路线最简捷、流畅，流程距离最短。

③完善车站内外乘客导向系统的设置，使乘客快速分流，减少客流聚集和过分拥挤的现象。

④乘客能够顺利地换乘其他交通工具。换乘过程中人流与车流的行驶路线要严格分开，以保证行人的安全和车辆的行驶不受干扰。

⑤满足换乘客流方便、安全、舒适的要求。如适宜的换乘步行距离、恶劣天气下的保护、全天候的连廊系统、无障碍通道、适宜的照明、突发事件应急系统。

3. 日常客流流线

①通过站房直接上车的进站客流流线。

这种客流主要包括绝大多数持城市一卡通或储值票等直接通过闸机结算费用的乘客。这类乘客大部分属当地居民中的上班族，上下班时间是他们的出行高峰。通过站房直接上车的进站客流流线如图2-3所示。

图2-3 通过站房直接上车的进站客流流线

②进入车站购票上车的进站客流流线。

这种乘客主要是不经常乘坐城市轨道交通工具出行的当地居民或从其他交通工具换乘过来的外地乘客，一般这类客流在节假日或周末比较集中。进入车站购票上车的进站客流流线如图2-4所示。

图2-4 进入车站购票上车的进站客流流线

③出站客流流线。

出站客流流线比进站客流流线简单，乘客办理手续少，使用站房时间短。有少部分乘客在出站后需要办理其他票务业务。出站客流流线如图2-5所示。

图 2-5　出站客流流线

④换乘客流流线。

在一些综合型枢纽站或城市轨道线路间的换乘车站,存在大量的中转换乘乘客,他们的流动过程形成了中转客流流线。换乘客流流线如图 2-6 所示。

图 2-6　换乘客流流线

4. 进站客流组织

①组织引导客流经出入口、楼梯、自动扶梯(或垂直电梯),通过通道进入车站站厅层非付费区。

②组织引导部分乘客在自动售票机、客服中心或临时售票亭购票后检票通过进站闸机进入付费区,引导部分持储值票或次票、周票等不用现场购票的乘客直接检票通过进站闸机进入付费区,如图 2-7 所示。

③乘客入闸检票或人工检票进入站厅付费区后,组织引导乘客再通过楼梯、自动扶梯(或垂直电梯)进入站台层候车。

④乘客到达站台后,应组织引导乘客站在黄线内候车,通过导向标志和乘客咨询系统选择乘车方向和了解列车到发时刻;对于没有站台门的车站,应宣传"请站在黄色安全线以内候车,不要探身瞭望,以免发生危险"。

⑤当列车进站时,应关注乘客安全。

⑥列车到站停稳开门后,应引导乘客按先下后上的顺序乘车,如图 2-8 所示。

图 2-7　乘客进入闸机

图 2-8　乘客上下车

⑦当关门声响后,应阻止乘客抢上抢下,请其等待下次列车,防止车门夹伤乘客和影响列车正点发车。

⑧当车门关闭后,要观察车门关闭状况,当发现车门或站台门未正常关闭时,若由于乘客或物品被车门夹住,应协助取出并劝导乘客等候下次列车或征求乘客同意后帮其完全进入车厢;若为设备原因,应按相关作业办理程序进行处置。

⑨对楼梯边缘与站台边缘,应尽量疏导乘客,劝其不要在此处滞留,保证足够的通行空间,防止此处拥挤,出现意外。

⑩加强对站台四角的巡视,防止乘客进入这些区间。

⑪乘客物品掉入道床时,要阻止乘客跳下站台捡拾物品,应及时使用工具为乘客提供拾、捡服务。

5. 出站客流组织

①乘客下车后到达车站站台时,应组织引导其经楼梯、自动扶梯(或垂直电梯)进入站厅层付费区。

②乘客通过出站闸机(单程票出闸时将被收回)或人工验票,进入站厅层非付费区后,应组织引导乘客通过导向标志找到相应的出入口,经通道、出入口出站。

③车票车资不足、持无效车票或无票乘车的乘客到客服中心补足相关费用后,方可出站,如图 2-9 所示。

图 2-9　客服中心

二、换乘客流组织

城市轨道交通换乘站是指实现地铁线路间、地铁与对外交通和市内公共客运交通、私人交通及地铁线路间等多种交通形式转换并有固定交通转换设施的轨道交通站。

1. 换乘客流特征分析

1)换乘乘客特点分析

了解乘客的行为特点,有助于对地铁换乘空间进行人性化设计,并准确、有效地组织换乘客流。换乘行为特征包括乘客的心理需求和行为特征。

(1)心理需求。

方便性。乘客对换乘时耗有一定的心理可接受度,换乘时间过长会产生焦虑心理。参照中国香港地铁研究,如能将换乘通道长度控制在 60 m 以内,换乘时间是适宜的。

顺畅性。换乘流线应顺畅,尽量减少不必要的绕行,减少高程起伏;换乘设施摆放位置和方向应与流线一致,减少客流交织和冲突;同时换乘路径中的设施能力应匹配,以避免能力瓶颈带来的拥堵。

舒适性。换乘站设施能力应适应客流需求,设施拥挤会降低换乘舒适度。另外,配有自动扶梯或自动步道也会使换乘更加舒适。

(2)行为特征。

简单化。要求保证换乘设施空间布局的紧凑性、明确性。由于地下空间的封闭性,很容易使人失去方向感,因此,应尽量减少对换乘路径的选择性,从而减少乘客的站台滞留,提高站台的疏散速度,如岛式站台较侧式站台具有这方面的优势。

就近性。在换乘路径上人们习惯选择最短路径,如在到达站台时,倾向就近选择换乘车厢,由此易导致站台换乘客流分布的不均衡,如 T 形换乘站(北京地铁 2 号线复兴门换乘站)的客流易聚集在端头,造成"一端沉"现象。

快走性。前方客流行走速度较快,期望尽快进入换乘设施,导致换乘路径上客流速度分布的不均衡;同时,也可以利用此特点拉开换乘客流间距,以降低换乘楼梯前的聚集程度,减少短时冲击。

2)换乘站客流组织特点分析

换乘站客流特点反映的是客流整体表现出来的特性。由于换乘站的客流既有进出站客流,也有换乘客流,因此,换乘站客流组织往往是地铁运营的重点和难点。

(1)高度集中性。

换乘站除了具有普通车站的进、出站客流外,还汇集了相交线路甚至全网多座车站之间的交换客流,由此造成城市轨道交通换乘站的客流集中,其数值往往是普通车站客流量的数倍之多。

(2)多方向性和多路径性。

由于进、出站客流具有不同的出行目的、出行方向,适宜的换乘设施、设备布局有利于吸引和疏散客流,同时合理的信息引导能够使客流更加有序,因此城市轨道交通换乘站客流表现出明显的多方向性和多路径性。

(3)主导性。

在城市轨道交通换乘站的客流构成中,通常换乘客流占主导;而在某一时段的多种换乘方向中,同样存在主导换乘方向。因此,在车站设计和管理中应突出对主导客流的关注。

(4)方向不均衡性。

同一时段、不同地铁站的客流量会存在较大的差异,例如,外围线路与城区线路相接的换乘站,早高峰以进城方向为主,两方向客流量可相差几倍,在晚高峰则相反,这种方向的不均衡性会影响设施的利用率。因此,当采用通道换乘时,双向组织较单向组织更有利于均衡通道利用;相应地,岛式站台与侧式站台相比,其对客流的调节能力更强。

(5)时间不均衡性。

高峰小时客流需求是影响换乘站的系统规模、设施设备能力等关键参数选取的主要依据,因此对高峰小时系数的把握十分重要。不同区域、不同功能类型的车站高峰系数不同,一般外围区高于中心区,通勤服务类型高于生活服务类型。

(6)短时冲击性。

城市轨道交通客流的到达并不是连续均衡的,而是随列车的到达呈现脉冲式的分布规律,也就是在短时间内对换乘设施会产生冲击作用。这种冲击作用是对城市轨道交通换乘能力的最大考验。由于短时冲击的存在,一批客流到达时,易在设施前形成拥堵和客流排队,当拥堵人数较多时,将会带来较大的安全隐患。

2. 换乘客流组织

1)换乘方式

城市轨道交通不同线路间的换乘方式如图 2-10 所示。

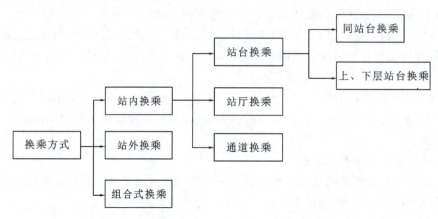

图 2-10　城市轨道交通不同线路间的换乘方式

2)站台换乘客流组织

(1)同站台换乘。

两条不同线路的站线分设在同一个站台的两侧,乘客可在同一站台由甲线换乘到乙线,即同站台换乘,如图 2-11 和图 2-12 所示。同站台换乘的基本布局是双岛式站台的结构形式,可以在同一平面上布置,也可以双层布置。这两种形式的换乘站都只能实现 4 个换乘方向的同站台换乘,而另外 4 个换乘方向则要采用其他换乘方式。

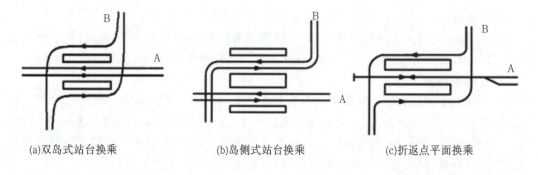

(a)双岛式站台换乘　　　　(b)岛侧式站台换乘　　　　(c)折返点平面换乘

图 2-11　同站台换乘

(2)上、下层站台换乘。

上、下层站台换乘是指乘客由一个站台通过楼梯或自动扶梯到另一站台直接换乘。根据地铁线路交叉的情况及两车站的位置,可形成站台与站台的十字形换乘、T 形换乘、I 形换乘和平行换乘的模式。

十字形(或 T 形)相交站台的换乘方式按站台布置形式可以有侧式站台与岛式站台、侧式站台与侧式站台以及岛式站台与岛式站台三种情况。这三种布置形式各有特点,但它们各个方向的换乘均可通过一次上楼梯或下楼梯完成。其中以侧式站台与岛式站台换乘方式较为理想,它满足较大的换乘量。岛式站台与岛式站台的换乘,由于是一点相交,因此如布

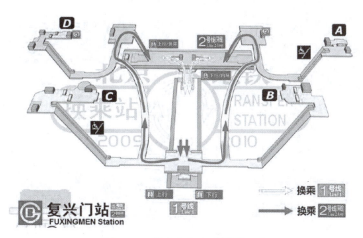

图 2-12　北京复兴门地铁换乘站

置不当,会造成换乘客流拥挤堵塞现象。

　　L形换乘车站可直接形成站台换乘,人们的行为目的性较为明确,换乘路线明确,缺点是由于换乘客流集中在两个车站端部相连处,换乘路线较长,方便性降低,且极易形成人流瓶颈。十字形换乘可以很好地实现站台到站台的换乘,可以为乘客提供方便和快捷的换乘条件,两条线路车站可以共用一套站厅、站房及管理人员,经济效益比较好。十字形换乘车站适合两条线路同期实施或修建时间较近的情况,不能同期实施就要预留好换乘节点,如果这样就会使前期投资较大,对后期线路车站的设置也形成一定制约。

　　3)站厅换乘客流组织

　　站厅换乘是指乘客由一个站台通过楼梯或自动扶梯到达另一个车站的站厅或两站共用站厅,再通过站厅前往另一站台乘车的换乘方式。站厅换乘一般用于相交车站的换乘,换乘距离比站台直接换乘要长。若换乘过程中需要进出付费区,检票口的能力可能成为制约因素。

　　4)通道换乘客流组织

　　通道换乘是指在两个或几个单独设置的车站之间设置联络通道等换乘设施,方便乘客完成换乘的方式,如图 2-13 所示。若通道直接连接两个站台,则换乘距离较近,换乘时间较短;若通道连接两个站厅付费区,则换乘距离相对较远,换乘时间较长。一般情况下,换乘通道长度不宜过长,换乘通道的宽度可根据客流状况加宽。

　　5)站外换乘客流组织

　　站外换乘是指乘客在车站付费区以外进行换乘。此种换乘方式往往是客观条件不允许或设计不当造成的。乘客换乘路线可分割为出站行走、站外行走。在所有换乘方式中,站外换乘所需的换乘时间和换乘距离最长,给乘客的换乘带来很大不便,应尽量避免。

　　6)组合式换乘客流组织

　　组合式换乘是指上述换乘方式两种以上组合而成的一种换乘方式。在换乘方式的实际应用中,若单独采用某种换乘方式不能奏效时,则可采用两种或多种换乘方式组合,以达到完善换乘条件、方便乘客使用、降低工程造价的目的。

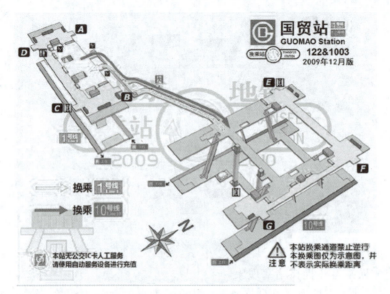

图 2-13　北京国贸地铁站

三、客流导向标识

导向标识系统是采用特定的符号、文字、标志牌等元素组成统一连续的空间引导系统和说明系统,帮助乘客在空间环境中完成移动行为。地铁车站客流量大、流动性强,要使乘客能够安全、有序地集聚和疏散,除靠宣传和广播引导外,还需设置各种视觉标志反复地显示、引导,使人们在潜移默化中形成深刻的印象。

1. 导向标识的作用

1) 功能性

城市轨道交通车站乘客导向标识能够快速简洁地传递车站内各位置信息,使乘客能迅速判断路径方向,缩短乘客进出站与换乘时间,加快车站内乘客集散,提高车站运营效率。

2) 安全性

城市轨道交通车站大多环境复杂,许多车站属于地下多层结构,包含多个出入口与换乘通道,再加上大量人流的聚集,如果缺乏安全通道等导向标识,站内如遇突发事故,人流量不能快速疏散,极易造成严重事故,甚至会造成踩踏等二次事故。因此,合理设置导向标识可以为轨道交通车站的安全加一层保障。

3) 文化性

导向标识的设计在满足功能与安全的基础上,应尽量传达美的感觉。导向标识与城市轨道交通车站空间完美结合,不但能使封闭压抑的空间变得舒适,还能体现所在城市的地域文化与精神内涵。

2. 导向标识的设置形式

城市轨道交通车站客流导向标识系统中导向标识的主要设置形式有立柱式、地面式、墙面式、悬挂式等形式。

1）立柱式导向标识

立柱式导向标识指以立柱为载体，在其上安装导向标识的设置形式。立柱式导向标识提供的导向信息量相对较多，一般用于传达引导信息和方向指示。立柱式导向标识通常被用于室外导向标识系统。

2）地面式导向标识

地面式导向标识指以地面为载体，标识主体与内容采用粘贴等方式依附其上的标识类别，一般用于人流量较大，且需要明确目的地的导向环境中。地面式导向标识结构相对简单。

3）墙面式导向标识

墙面式导向标识是指以墙面为载体，采用绘画、粘贴、安装固定等方式将标识附着于墙面的标识形式。

4）悬挂式导向标识

悬挂式导向标识是以建筑内顶面为载体，采用悬挂的方式固定安装在建筑内顶面的表现方式。悬挂式导向标识一般用于承载导向信息和环境标示信息，承载的环境信息相对较少，但需要有很强的标示性和导向性。悬挂式导向标识在环境中设置位置较高，通常用于人流量较大的环境中。悬挂式导向标识在设置时要注意视线高度、视线范围以及随着距离变化导向信息的可见程度。

3. 导向标识的分类

1）按功能分类

依据 GB/T 18574—2008《城市轨道交通客运服务标志》，对城市轨道交通车站客流导向标识按功能进行分类如表 2-3 所示。

表 2-3　城市轨道交通车站客流导向标识按功能分类

序号	标识类别	信息类型	标识信息内容
1	安全信息类	乘车安全信息	禁止携带易燃易爆等危险物品进站、禁止携带宠物、禁止倚靠等
		消防安全信息	紧急出口、疏散通道、灭火设施、火警等
2	设施提示类	建筑设施信息	进站口、出站口、楼梯、电梯、卫生间等
		服务设施信息	自动售票机、售票处、安检处等
3	换乘指引类	车次信息	列车到达时间、列车行驶方向
		站厅信息	检票口、候车处、换乘通道
4	区位指引类	区位信息	所处位置及周边区域信息

2）按表现形式分类

城市轨道交通车站客流导向标识按表现形式可以分为静态导向标识和动态导向标识，如表 2-4 所示。

表 2-4　城市轨道交通车站客流导向标识按表现形式分类

序号	表现形式	标识信息内容
1	静态导向标识	1. 导向类：包括乘车导向、线路导向、行车方向导向、发车预告、换乘导向、出口导向、售检票导向(售票、检票、补票、兑零、充值等导向标识)、交通设施导向(楼梯、电梯)、服务设施导向(公厕、公用电话、付费储物箱、客服中心、警务室等)。 2. 定位类：供乘客确认其目的地场所的标识。 3. 安全警告类：禁止及警告类标识。 4. 资讯类：提供大量综合信息，如地铁运营时刻表、闸机使用资讯等，地面资讯类标识(如区域街区图、地面重要资讯及地面公交资讯等)
2	动态导向标识	1. 出入口动态信息显示标识，显示本线和换乘线路实时运营状态信息。 2. 换乘通道口动态信息显示标识，显示本线实时运营信息、换乘车站的实时运营信息。 3. 检票口或检票闸机上的动态信息显示标识，显示检票机当前的工作状态。 4. 站台层动态信息显示标识，显示列车到达时间及列车运行方向等实时运营信息。 5. 列车车厢内动态信息显示标识，显示当次列车开行方向、沿途停靠站点预报信息、换乘信息等。 6. 公益及临时信息，显示地面重要资讯、地面公交资讯以及宣传类信息

四、乘客安全管理

1. 培养乘客安全意识

城市轨道交通运输企业应采用多种形式和手段经常性地对乘客进行地铁运营管理规定、乘客守则、安全乘车注意事项等内容的宣传与教育，培养乘客文明出行、安全出行的意识。

1）安全教育的内容

a. 认识导向标识、警示标识及车站疏散路线通道。

b. 自动扶梯乘坐注意事项。

c. 进站、乘车携带物品规定。

d. 站台候车安全注意事项。

e. 上、下车安全注意事项。

f. 在车厢内乘车安全注意事项。

g. 发生停电、火灾和爆炸等突发事件时的安全疏散事项。

h. 急救电话。

2）安全教育的手段

a. 印制和发放安全宣传手册，张贴宣传画。

b. 播放安全教育视频资料。

c. 广播安全常识。

d. 厅巡、站台安全员等工作人员口头提醒。

e. 对违反城市轨道交通运营管理规定的乘客进行惩处。

2. 培养乘客安全行为

从乘客进站、购票、进闸、候车、乘车、下车、出闸到出站的整个运输过程中,通过以下几个环节的工作,加强对乘客的安全管理,培养乘客安全行为。

1)对进站乘客携带物品进行安全检查

为了保证运输的安全,禁止乘客携带危险品和超长、超大、超重物品进站、候车。车站运营管理人员有责任对乘客携带的物品进行安全检查,杜绝危险品进站。

2)对使用自动扶梯的乘客加强引导

a. 通过在电梯扶手处张贴宣传画、乘电梯守则,站厅广播和厅巡口头提醒等方式向乘客宣传"右侧站稳,左侧通行"。

b. 对坚持乘自动扶梯的老年乘客、小孩,应提示"老人、小孩乘坐扶梯请由家人陪同"。

3)站台候车安全管理

a. 注意下车乘客的动态,及时引导逗留乘客出站,防止发生意外。

b. 通过车站广播、工作人员手提广播向乘客宣传"请在安全线内候车,请不要蹲姿候车",发现有不安全行为的乘客,应及时制止。

c. 发现乘客吸烟,应立即加以制止。

d. 提醒家长带好自己的小孩,禁止在站台上追逐、打闹、奔跑。

e. 在站台有积水处放置"小心地滑"警示牌。

f. 乘客物品如掉下站台,防止乘客跳下轨道拾回物品。

g. 维持站台秩序,防止乘客拥挤。

h. 防止乘客触动站台安全设备。

i. 乘降时的安全管理。

j. 通过车站广播、工作人员手提广播向乘客宣传"请小心站台与列车之间的空隙"。

k. 防止乘客抢上、抢下,避免被屏蔽门、列车门夹伤。

> **拓展阅读**
>
> **地铁首都机场线启用新导向标识**
>
> 2020年5月,地铁首都机场线正悄然地发生变化,全新的导向标识在四座车站整齐亮相。据北京地铁公司介绍,新导向标识用更大的面积、更大的字体整合以前多块导向箱体的信息,优化了导向功能和空间布局,进一步提升了乘客出行的便捷度。
>
> (1)增强标识指示性。
>
> 地铁公司完善了全线标志系统,查漏补缺,针对既有问题进行优化提升。增加图形符号的运用,区分强化禁止标志和提示标志。整合墙面零散标志,根据使用功能整体设计票亭处各类标志,提升标志功能,美化车站环境。结合乘客构成情况,新增资讯类标志,扩大街区图范围。
>
> (2)设置新增部分安全标志。
>
> 在站台门设置小心夹手和禁止倚靠安全标志,并设置警示文字信息。在每个活动门设置编号,方便管理使用。根据实际客流组织,优化标志点位,完善功能,改造错误或容易误导的指向内容。完善服务设施标志,如直梯、卫生间、无障碍设施的指引标志。

(3)完善标识系统性。

根据乘客进出站、换乘、乘车等站内各项活动的最优走行路径,系统设置标志,保持连贯性跟整体性,避免走行途中出现标志缺失或同一位置标志过多的情况发生。以简洁、明确的方式进行标志设置,注重墙面、地面的留白,减少乘客视觉疲惫。

(4)优化标识设置方式。

增加电子信息牌,整合文字信息和海报,改善车站环境。通过屏幕整合文字较多的信息,如乘客守则、安全管理条例、车票使用办法、服务承诺、海报等。

任务3　接发列车

学习目标

1. 知识目标:
- 了解车站站台岗岗位职责和管理制度;
- 掌握车站站台岗所需携带工具;
- 掌握车站接发车操作程序,掌握手信号演示方法和演示时机。

2. 技能目标:
- 理解车站站台岗规章制度,能够根据工作实际提出改进建议;
- 能够正确携带站台岗岗位所需工具,能够正确选择、使用、保管工具;
- 站台岗能够依据规章制度识别信号灯含义,能独立进行车站接发车。

3. 素质目标:
- 坚守岗位职责,眼观六路,耳听八方;
- 爱岗敬业,具有团队合作精神;
- 注意力集中,态度和善可亲。

发布任务

地铁车辆安全准点到达目的地,需要车站的配合和管理,因此准确地接发列车将关系到乘客的安全。一旦接发车过程中出现事故,将会打乱整个列车运行秩序,必将对整个地铁运营造成不良影响,地铁接发车任务的重要性由此可见。

上图为某地铁车站站台,站台岗首先要明确自己的岗位职责,并准确携带好备品,严格执行接发车程序,并配合司机给出接发列车手信号,协助值班站长处理接发列车过程中出现的意外事故。

涉及岗位:站台岗。

落实任务

(1)站台接岗前,检查备品状况,并选择携带备品。

序号	工具	是否携带
1	信号灯、信号旗	
2	对讲机	
3	手台	
4	荧光衣	
5	隔离带	
6	车门故障纸	
7	电梯钥匙	
8	自动扶梯钥匙	
9	员工通道门钥匙	
10	PSL 钥匙	
11	屏蔽门 LCB 钥匙	
12	屏蔽门三角钥匙	
13	站台应急柜钥匙	

(2)确认站台岗位置。

因为站台岗处于列车运营第一线,因此需要站台岗监视列车运行状态,关注候车乘客的动态,根据现场情况及时采取正确有效的处理办法。在客流高峰时段,站台岗需要维护站台上乘客上下车秩序,组织乘客有序候车和乘车。若发现异常情况,应立即采取相应措施,及时汇报给车控室。因此站台岗能否第一时间发现问题,站务员站立的位置很关键,请在站台示意图上标出站台岗工作位置。

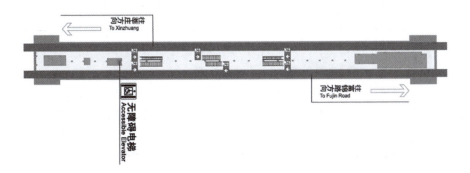

(3) 识别紧急停车按钮。

紧急停车按钮可以让列车及时停下,因此设置在地铁车站两侧站台的适当位置上,每侧站台都有两个紧急停车按钮。请识别下图中两个应急按钮分别是什么功能,并说明在何种情况下应该触发紧急停车按钮。

答:_____
_____
_____
_____

_____   _____

(4) 按规定程序完成列车接发车。

时间	动作	语言	是否正确执行
列车进站前 1 min			
列车头部接近站台时			
车头越过站台岗人员			
列车在规定位置停稳后			
列车开门后			
列车即将关门			
列车关门后			
列车启动,尾部越过接车位置			
列车尾部越过出站信号机			

(5) 手信号的使用。

① 识别手信号。

地铁手信号是通过直接演示信号旗或信号灯的方式,行车人员给司机指示列车行车的各种命令。作为传达列车运行命令的手信号,演示时具有严肃性和准确性,行车人员必须熟知手信号的作业规范,并在演示信号时,做到动作规范标准,显示颜色准确无误,显示时机和位置正确及时。请在下列图片中标明所演示的手信号是何种信号。

图中为红色信号旗、红色信号灯,展示的是_____手信号。

图中为红色信号旗、红色信号灯,展示的是_____手信号。

图中为绿色信号旗、绿色信号灯,展示的是_____手信号。

②手信号的应用。

请在下列工作场景条件下展示正确的手信号。

工作场景	信号显示地点	显示方式	
		白天高架车站	夜间车站
要求列车停车			
要求司机紧急停车			
"好了"信号			

拓展任务

(1)在早高峰时段,乘客为了赶时间上班,往往会在屏蔽门指示灯已经开始闪烁时,还企图冲上正在关门的列车车厢。为防止出现夹人、夹物等意外情况,影响列车正常运行,此时站台岗需执行什么操作?

_____
_____
_____
_____
_____
_____
_____
_____

(2)在接发列车过程中,经常会出现屏蔽门夹人、夹物等突发情况。当站台发生夹人、夹物等紧急情况时,车站运营管理人员要立即采取紧急停车措施,严格执行"一按、二呼、三汇报"的程序,确保乘客的人身安全。在下列处置过程中,每一步措施该由哪些岗位来执行?

具体操作	站台岗	司机	行车值班员	值班站长
按压紧急停车按钮4秒以上				
呼叫司机				
观察站台情况和监听对讲机				
报车控室				
立即停车				
监视CCTV或接站台报告				
按压IBP盘上的紧急停车按钮				
显示"好了"信号				
确认安全后动车				

评价反馈

评分项目	分值	自我评价得分	教师评价得分
工作页已完成(全部完成10分,其余0分)	10		
了解车站站台岗岗位职责和管理制度	5		
掌握车站站台岗所需携带工具	5		
掌握车站接发车操作程序	10		
掌握车站紧急停车按钮的使用	10		
能演示正确的手信号	10		
总分			

知识要点

一、站台岗岗位介绍

站台岗在交接班时,需对随身物品进行清点核对,站台岗需检查无线对讲机、安全门设备钥匙(包括员工通道门钥匙、PSL钥匙、LCB钥匙、三角钥匙)、站台应急柜钥匙等备品是否完好齐全,了解站台整体情况后方可接班,接班时机通常是一次接发列车结束后的间隙。站台是列车运营第一线,需要站台岗监视列车运行状态、候车乘客动态,根据情况及时采取正确的处理办法,维持站台秩序,组织乘客有序候车和乘车。若发现异常情况,需要按压紧急停车按钮,及时采取措施或与车控室联系,因此站台岗所处位置很是关键,通常是在紧急停车按钮附近。

> **拓展阅读**
>
> **地铁车站红色按钮，千万可不能乱摁哟**
>
> 大家乘坐地铁的时候看到每侧站台有两个红色的"小盒子"，盒子下方写着"紧急停车按钮"，盒子里面圆圆的按钮还挺可爱（见图2-14），是不是有摁一下的小冲动？有这种小冲动的朋友要注意了，这小按钮可不能瞎按！
>
> 紧急停车按钮（ESB）安装在地铁等轨道交通车站站台适当位置，每侧站台设置2个，主要为公众和站台监督人员使用。
>
> 在紧急情况下，比如发生人员掉下站台等危及乘客安全的突发事件时，可以通过按压站台紧急停车按钮，禁止列车自区间进入站台、禁止停在站台的列车出发进入区间、对已启动而尚未完全离开车站的列车进行紧急制动停车，从而实现对车站封锁的功能。
>
> 触发紧急停车按钮，信号系统出于保护，会让列车停下，现场确认无异常情况后，才会恢复正常运营，这会造成列车延误，所以有紧急情况发生才可以按地铁紧急停车按钮，正常情况下严禁触动站台紧急停车按钮。如果随意乱摁，会涉嫌扰乱公共场所秩序，要按照《中华人民共和国治安管理处罚法》第二十三条执行。
>
> （资料摘编自呼和浩特地铁微信公众号）

图 2-14 紧急停车按钮

二、接发列车

1. 接发列车作业流程

站台岗应按照"三部曲"步骤作业流程做好接发列车工作。

1）车站接车

列车从邻站出发，行车值班员通知站台岗：上行方向列车开过来了，准备接车。站台岗收到行值通知后回复：上行列车开过来了，准备接车，站台收到。

站台岗站在紧急停车按钮附近，面朝来车方向。

看到列车头部灯时，用手台告知行值：上行列车进站。

行值收到站台岗的列车进站信息后，复诵：上行列车进站，行值收到。

当列车车头通过站台岗时，站台岗面朝列车，目光左右巡视并引导乘客在空闲处候车。

服务用语："您好，为了您的安全，请站在安全区域内排队候车，谢谢合作。"

2）列车到达

列车从邻站到达本站站台，列车停稳，当司机打开车门及站台门时，站台岗告知行值：上行列车到达，车门、站台门打开。

行值收到站台岗列车到达信息后，复诵：上行列车到达，车门、站台门打开，行值收到。

引导乘客按秩序先下后上。

服务用语:"各位乘客,请先下后上,小心列车与站台间的空隙,谢谢合作。"

听到"叮咚"声时,站台岗背对列车,将手臂伸直,做阻挡手势,告知乘客请勿上车。

服务用语:"您好,车门即将关闭,请耐心等候下一趟列车,谢谢合作。"

当乘客上下车完毕,车门与站台门关闭后,站台岗应关注站台门灯是否黄闪,端门门头灯是否熄灭。站台门灯黄闪,先看有无异物,若无,打成手动关;如此操作无效,则到端门处打互锁解除让车发出(有问题必须优先告知行值)。

3)列车出发

列车从本站出发,当列车开始动车时,站台岗应告知行值:上行方向列车出发。

行值收到站台岗的列车出发信息后,复诵:上行方向列车出发。

站台岗应密切关注列车动态,当列车尾部经过站立位置后,面向列车出站方向,目送列车出站。

接发列车的动作与语言规范如表 2-5 所示。

表 2-5 接发列车的动作与语言规范

时间	动作	语言
列车进站前 1 min	面向接车线路,站在规定接车位置,监视站台候车乘客	各位乘客/女士、先生,为了您和他人的安全,请站在黄色安全线内排队,多谢合作! 各位乘客/女士、先生,为了您的安全,请勿手扶屏蔽门,排队候车,多谢合作! 各位乘客/女士、先生,由于现在站台乘客较多,请到站台××部候车,多谢合作!
列车头部接近站台时	转体 90°,面向列车进站方向,伸臂,手指接车线路尽头,观察列车进站过程,确认接车站线有无异常	
车头越过站台岗人员	回转 90°面向列车	无异常情况时呼唤"正常";发现异常情况时及时采取有效措施
列车在规定位置停稳后	向前迈一步,巡视候车乘客	上车的乘客请注意,小心列车与站台的间隙,请您在开车门后先下后上,多谢合作!
列车开门后	监视列车车门、屏蔽门开启状态,监视乘客乘降情况	
列车即将关门	车站站台客流量较大时,疏导乘客有序分散上车	各位乘客,车门即将关闭,没有上车的乘客请您耐心等候下一趟车(请不要越出黄色安全线),多谢合作!
列车关门后	向后退一步,伸出左臂,手指第一个屏蔽门,并向后逐一确认关闭状态,直至确认最后一个车门、屏蔽门已关闭,无异常情况	
列车启动,尾部越过接车位置	转体 90°面向出站方向,目送列车,监视列车运行	

续表

时间	动作	语言
列车尾部越过出站信号机	伸出右臂,手指出站信号,确认信号显示正确,随即沿站线指向进站方向巡视站线情况,同时回转90°收回手臂	无异常情况时呼唤"正常";发现异常情况,及时与司机或值班员保持联系,积极处理

2. 接发列车注意事项

若每侧配置两名车站运营管理人员时,由车站指定站台尾部紧急停车按钮处的车站运营管理人员打关门手信号,另一名车站运营管理人员按程序接发列车但不打关门手信号。

列车无须清客时,确认车门、安全门关好,缝隙安全,站台乘客候车安全,打关门手信号,提示司机可以动车,同时头部转向司机相互确认。

当列车需清客时,确认清客完毕,打关门手信号(意思为清客完毕),告知司机可以关门,车门、安全门开始关闭时放下手臂;确认车门、安全门关好,缝隙安全,再打关门手信号(意思为门关好),告知司机车门、安全门关闭良好。

列车关门后,关门手信号打出15秒,若列车仍没有启动,可收回关门手信号,立即向车站值班员汇报,并及时走向发车端司机室处,向司机查明原因,并报车控室。若在走向司机室的途中列车启动开出,视为正常启动,无须再向司机查明原因。

三、手信号

地铁手信号是行车人员通过直接采用信号旗或信号灯的方式下达的指示列车行车的各种命令。

1. 手信号使用规章条例

手信号作为指示列车运行的命令,具有严肃性和准确性,必须严格按照作业标准来执行。显示手信号时,行车人员必须确保动作规范标准,显示颜色和样式准确,显示时机正确及时。

(1)地面车站、高架车站及停车场手信号显示,原则上白天使用信号旗,夜间使用信号灯,行车人员可根据当日天气情况选择使用信号灯或信号旗;所有地下车站一律按夜间办理,统一使用信号灯演示手信号。

(2)地铁运行中手信号显示以信号旗、信号灯为主,徒手为辅。手信号显示的基本要求是位置适当、正确及时、横平竖直、灯正圈圆、角度准确、段落清晰。

(3)白天在作业现场携带手信号旗的行车人员,在未显示手信号时,应将信号旗拢起,双手自然下垂,放置于身体两侧,左手持红旗,右手持绿/黄旗。

(4)行车人员需在确保手信号显示时机满足后,方可显示正确的手信号;行车人员需确保手信号收回时机满足后,方可收回手信号。

2. 手信号类型

1)停车信号

停车信号在站间电话行车法行车时显示,在看见列车头部灯时开始显示,在列车彻底停稳后收回手信号,通常行车人员在站台头端墙屏蔽门端门外方显示停车信号。

在白天高架车站,停车信号显示为展开的红色信号旗,无红色信号旗时,可以两臂高举过头顶,向两侧急剧摇动;夜间车站和地下车站则显示为红色信号灯。

2)紧急停车信号

紧急停车信号在紧急情况下启用。通常在工程列车进站或通过车站,出现危及行车安全的情况,或客车进站,发现危及行车安全的情况,但来不及按压站台紧急停车按钮或紧急停车按钮不起作用时,由行车人员立即在就近位置处显示紧急停车信号,让司机紧急停车,在列车彻底停稳时收回手信号。

在白天高架车站,紧急停车信号显示为展开的红色信号旗下压数次,无红色信号旗时,可以两臂高举过头顶,向两侧急剧摇动;夜间车站和地下车站则显示为红色信号灯下压数次。

3)减速信号

在发现工程车或客车超速时,为避免危险发生,行车人员在头端墙侧扶梯口,靠近紧急停车按钮处立即展示减速信号,等列车头部越过信号显示地点后方可收回。

在白天高架车站,减速信号显示为展开的黄色信号旗,现场没有黄色信号旗时,用绿色信号旗下压数次来代替;夜间车站和地下车站则显示为黄色信号灯,同样也可以用白色或绿色信号灯下压数次来代替黄色信号灯。

4)引导信号

在准许列车进入车站或车辆段时,可以开放引导信号。行车人员在站台头端墙屏蔽门与线路间站台上展示引导信号,在看到列车头部灯时开始显示,收回时机是在列车头部越过信号显示地点后。

在白天高架车站,引导信号显示为展开的黄色信号旗高举过头顶左右摇动数次;夜间车站和地下车站则用黄色信号灯高举过头顶左右摇动数次。

5)"好了"信号

在车站某项作业完成时,行车人员需显示"好了"信号,待司机鸣笛回示后方可收回,通常显示位置是在列车运行方向前端第二个客室门的位置;另一种情况是指示进路开通,行车人员可以在道岔附近车辆限界外的安全位置向司机显示;当列车可进入折返线时,则由行车人员在站台头端墙屏蔽门端门外方显示。

在白天高架车站,"好了"信号是用拢起的信号旗做圆形转动,无信号旗时可徒手展示,单臂伸直向列车运行方向上弧圈做圆形转动;夜间车站和地下车站则用白色信号灯做圆形转动。

任务 4　乘客票卡问题(BOM)处理

学习目标

1.知识目标：
- 了解车站客服中心岗岗位职责和服务要求;
- 掌握车站客服中心岗所需携带工具和交接内容;
- 掌握车站客服中心岗标准化售票作业操作和设备常见问题处理方法。

2.技能目标：
- 理解车站客服中心岗规章制度，能够根据工作实际提出改进建议；
- 能够正确携带客服中心岗岗位所需工具，能够正确选择、使用、保管工具；
- 能够依据规章制度进行售票售卡处理和解决售票过程中的常见问题。

3.素质目标：
- 坚守岗位职责，工作谨慎，对待钱款公私分明，不贪污，不徇私；
- 仪表整洁，仪容端庄，精神饱满，思想集中；
- 业务熟练，工作有序，讲求效率。

发布任务

地铁客服中心如右图所示，一般设置在车站站厅的显著位置，通常离地铁出入口和闸机的位置较近，主要为乘客提供售票、售卡、充值、异常票卡事务处理等服务，保障每一位乘客能够顺利进站和出站，充分展示地铁公司的服务形象。

车站运营管理人员首先要认知客服中心岗的岗位职责，按票务管理规定领取票卡和备用金，严格执行售票、售卡、异常票卡的操作处理程序，做好票款管理和交接班登记，并配合值班站长做好突发情况下的票卡事务处理服务。

涉及岗位：客服中心岗。

落实任务

一、明确乘客服务中心服务的基本职责

序号	内容	是否熟知
1	有令必行，有禁必止，严格执行地铁车站管理规章制度	
2	承担整个车站的售票、售卡、充值等票务服务，确保票卡和钱款的数量正确和财务安全，并在车站规定的工作时间内开启和关闭售票窗口	
3	协助乘客换取福利票，帮助乘客兑换零钱，处理乘客关于票务问询的相关工作，接待乘客热情积极，按规章制度妥善解决乘客票卡的问题	
4	为无法正常进出站的乘客提供异常票卡分析服务，并按规章制度处理无效票和过期票，并做好乘客的解释和确认工作	
5	严禁携带私人钱财（除工作证件）进入客服中心岗亭	
6	必须确保使用当班员工的正确工号和密码登录BOM机，进行票卡发售和处理服务	

续表

序号	内容	是否熟知
7	填写各类报表,务必做到规范、完整、正确	

二、班前准备

(1)完成各项交接班工作。

序号		工作内容	是否执行
早班	1	在首趟车到站前 30 min,按地铁公司规定着装,到车站控制室进行签到	
	2	参加点名交接班,学习重要文件及上级指示精神,了解注意事项,服从当班值班站长的岗位安排	
	3	到车站票务室领取车票、备用金,领取对讲机以及票务钥匙等相关备品	
	4	首趟车开行前 10 min,到达客服中心岗,调试对讲机是否正常,检查和清点票务设备、备品(验钞机、分钞盒、发票等)的状态和数量	
	5	在站务员结算单上填好 BOM 设备上左右票箱的单程票数量,做好开窗前的准备工作	
	6	检查客服中心卫生及周围栏杆、立柱的摆设是否合适,是否影响乘客通行,客服中心内外有无来历不明的现金和票卡	
	7	认证成功后,使用工号密码,登录 BOM 设备	
	8	整理好售票工作台面的物品,将找零硬币叠放整齐,将备用金放入抽屉保管	
	9	摆放好员工号牌,开窗开始为乘客服务	
中班	1	按规定时间提前到达车站控制室并进行签到,了解工作注意事项,到车站票务室领票卡和备用金	
	2	提前 10 min 到客服中心,与早班站务员进行交接班,当面清点各项物品。交接完毕,与早班售票员在"车站客服中心交接班登记本"上共同签字确认	
	3	认证成功后,使用工号密码,登录 BOM 设备	
	4	整理好售票工作台面的物品,将找零硬币叠放整齐,将备用金放入抽屉保管	
	5	摆放好员工号牌,开窗开始为乘客服务	

(2)交班时携带备品。

序号	备品	是否携带
1	票卡	
2	备用金	
3	发票	
4	硬币托盘	
5	验钞机	
6	站务员结算单	
7	乘客事务处理单	
8	对讲机	
9	客服中心门钥匙	
10	其他	

三、班中

(1)认识半自动售票机 BOM 的组成,在下图中标出半自动售票机 BOM 的各个组成部分。

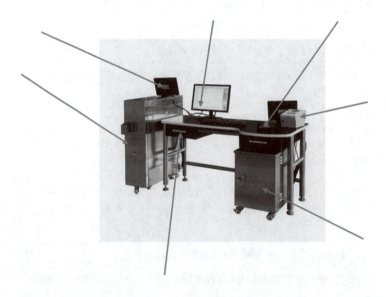

(2)储值卡发售流程。

步骤程序	操作内容
一迎	
二收	

续表

步骤程序	操作内容
三唱	
四操作	
五找零	
六告别	

(3) BOM 设备常见票务事务处理。

序号	客服中心常见的票务问题	问题处理方法
1	乘客给付的现金为残缺币,缺损部分小于 1/4	
2	客服中心零钱不足	
3	大客流情况下,乘客排队时间较长,开始出现抱怨情绪	
4	乘客认为站务员找零不正确,要求补钱	
5	临近末班车结束运营时,仍有乘客需要购票	
6	当乘客出站时,刷卡或投票不能出站	

四、交班处理流程

序号	工作内容	是否执行
1	使用签退功能,退出 BOM 设备,报告车站控制室	
2	清理好硬币并装回硬币袋,关闭本班验钞机,携带好本次当班的钱袋	
3	填好站务员结算单上的关窗票卡张数,清点好本次当班的票卡、钱款及备品物资	
4	与交班站务员交接班(交接当班注意事项,交接所领用的对讲机和钥匙等),填写"车站客服中心交接班登记本"	
5	夜班最后一趟载客列车到站前 5 min,停止兑零、售票工作	
6	夜班结束运营清站后,摆好"服务停止"提示牌,整理好客服中心内务及卫生,退出 BOM 设备	

续表

序号	工作内容	是否执行
7	带齐所有车票、现金,回车站票务点钞室进行结算	
8	在票务室与客运值班员进行结账,填写站务员结算单及封包明细表,将票款打包,归还在票务室领取的票务备品	
9	到车站控制室,在"车站工作人员签到簿"上签退	

拓展任务

如车站发生列车晚点、运营故障等突发情况,造成车站必须进行清客或越站处置,在这种情况下,车站应采取哪些措施来应对乘客的票卡事务?

_____
_____
_____
_____
_____
_____
_____
_____

评价反馈

评分项目	分值	自我评价得分	教师评价得分
工作页已完成(全部完成10分,其余0分)	10		
了解车站客服中心岗岗位职责和服务要求	5		
掌握车站客服中心岗岗位交接内容	5		
掌握车站客服中心岗所需携带工具	5		
掌握车站客服中心岗标准化售票作业操作	10		
掌握车站客服中心岗常见问题处理方法	10		
掌握乘客票务事务处理单、站务员结算单填写规范	5		
总分			

知识要点

地铁客服中心一般设置在车站站厅的显著位置,通常离地铁出入口和闸机的位置较近,主要为乘客提供售票、售卡、充值、异常票卡事务处理等服务,保障每一位乘客能够顺利进站和出站,充分展示地铁公司的服务形象。

一、售票岗

(1)客服中心岗岗位职责如表2-6所示。

表2-6 客服中心岗岗位职责

序号	内容
1	有令必行,有禁必止,严格执行地铁车站管理规章制度
2	承担整个车站的售票、售卡、充值等票务服务,确保票卡和钱款的数量正确和财务安全,并在车站规定的工作时间内开启和关闭售票窗口
3	协助乘客换取福利票,帮助乘客兑换零钱,处理乘客关于票务问询的相关工作,接待乘客热情积极,按规章制度妥善解决乘客票卡的问题
4	为无法正常进出站的乘客提供异常票卡分析服务,并按规章制度处理无效票和过期票,并做好乘客的解释和确认工作
5	上岗期间,严禁携带私人钱财(除工作证件)进入客服中心岗亭
6	必须确保使用当班员工的正确工号和密码登录BOM设备,进行票卡发售和处理服务
7	填写各类报表,务必做到规范、完整、正确

(2)客服中心岗交接班流程如表2-7所示。

表2-7 客服中心岗交接班流程表

序号		工作内容
早班	1	在首趟车到站前30 min,按地铁公司规定着装,到车站控制室进行签到
	2	参加点名交接班,学习重要文件及上级指示精神,了解注意事项,服从当班值班站长的岗位安排
	3	到车站票务室领取车票、备用金,领取对讲机以及票务钥匙等相关备品
	4	首趟车开行前10 min,到达客服中心岗,调试对讲机是否正常,检查和清点票务设备、备品(验钞机、分钞盒、发票等)的状态和数量
	5	在站务员结算单上填好BOM设备上左右票箱的单程票数量,做好开窗前的准备工作
	6	检查客服中心卫生及周围栏杆、立柱的摆设是否合适,是否影响乘客通行,客服中心内外有无来历不明的现金和票卡
	7	认证成功后,使用工号密码,登录BOM设备
	8	整理好售票工作台面的物品,将找零硬币叠放整齐,将备用金放入抽屉保管
	9	摆放好员工号牌,开窗开始为乘客服务

续表

序号		工作内容
中班	1	按规定时间提前到达车站控制室并进行签到,了解工作注意事项,到车站票务室领票卡和备用金
	2	提前10 min到客服中心,与早班站务员进行交接班,当面清点各项物品。交接完毕,与早班售票员在"车站客服中心交接班登记本"上共同签字确认
	3	认证成功后,使用工号密码,登录BOM设备
	4	整理好售票工作台面的物品,将找零硬币叠放整齐,将备用金放入抽屉保管
	5	摆放好员工号牌,开窗开始为乘客服务
交班	1	使用签退功能,退出BOM设备,报告车站控制室
	2	清理好硬币并装回硬币袋,关闭本班验钞机,携带好本次当班的钱袋
	3	填好站务员结算单上的关窗票卡张数,清点好本次当班的票卡、钱款及备品物资
	4	与交接站务员交接班(交接当班注意事项,交接所领用的对讲机和钥匙等),填写"车站客服中心交接班登记本"
	5	夜班最后一趟载客列车到站前5 min,停止兑零、售票工作
	6	夜班结束运营清站后,摆好"服务停止"提示牌,整理好客服中心内务及卫生,退出BOM
	7	带齐所有车票、现金回车站票务点钞室进行结算
	8	在票务室与客运值班员进行结账,填写站务员结算单及封包明细表,将票款打包,归还在票务室领取的票务备品
	9	到车站控制室,在"车站工作人员签到簿"上签退

二、票务备品

1. 票务工器具管理

票务工器具在车站日常票务工作中使用频繁,保管不慎容易造成损坏或丢失,从而造成财产损失,并给车站正常票务工作带来不便。常见的票务工器具品种较多,需要分类管理。

票务备品有钱箱、硬币补币箱、硬币盘、纸币找零箱、纸币回收箱、闸机票箱(补票箱)、车票回收箱、票盒、布袋、捆钞绳、封签票箱、橡皮筋、计算器、钱袋、点/验钞机、纸币清分机、封包袋、点币机、保险柜、点票机、封箱、票柜、票务手推车、尾箱、挂锁等。其中用来清点车票、现金的备品有点钞机、验钞机、纸币清分机、点币机、硬币盘、点票机;用来保管车票、现金的备品有尾箱、票柜、保险柜、票盒、挂锁。

车站票务工器具管理要求如下:车站票务工器具要逐级进行管理,明确责任人,各班进行交接,如在"值班员交接班簿"上建立相应的管理台账,将票务备品的名称、数量、存放位置相关情况录入票务管理系统或登记台账,由当班的客运值班员全权负责保管。备品的更换统一报站务分部,由站务分部负责进行更换。票务工器具要存放在票务室或其他专门位置,以免无关人员接触。票务工器具要严格按照操作规程进行操作,严禁违规操作,使用点币机、点票机、纸币清分机前后,均需检查是否有遗留现金。票务专用手推车要确认状态良好后方可使用,使用时不要碰伤自己或乘客,同时要注意保护好车站其他的服务设备设施,避免损坏。

2. 票务钥匙管理

票务钥匙主要包括 AFC 设备钥匙和票务相关门钥匙、票务相关设备钥匙等。

AFC 设备钥匙包括两类钥匙：第一类是 AFC 设备钥匙，主要有设备门钥匙，如 TVM 维护门钥匙、闸机门钥匙；第二类是钱箱、票箱钥匙，主要包括单程票加票箱钥匙、纸币钱箱钥匙、纸币钱箱盖钥匙、纸币找零钱箱钥匙、硬币钱箱钥匙、硬币钱箱盖钥匙、硬币找零钱箱钥匙、硬币找零钱箱盖钥匙等。

票务相关门钥匙包括点钞室门钥匙、点钞室防盗门钥匙、客服中心门钥匙、票柜钥匙、保险柜钥匙。

票务相关设备钥匙包括监控系统专用钥匙、封箱钥匙（包含 A 钥匙和 B 钥匙）、回收箱钥匙、挂锁钥匙。

为了防止出现票务事故，车站需对票务钥匙设立清单。在钥匙使用过程中，车站运营管理人员要进行严格的交接，在"票务钥匙使用记录本"上注明交接凭证的必要内容，包括钥匙种类、数量、存放位置、状态。任何能够打开钱箱的钥匙必须在票务室监控下进行加封及拆封，客服中心门钥匙按照规定仅供客服岗在运营期间使用。钥匙使用后应立即归还，并且应该遵循"从哪借到哪还"的原则。当天运营结束后，钥匙保管人员需对保管的钥匙进行清点核对，确认全部归还。

三、BOM 票务设备

1. 认知半自动售票机 BOM 设备结构

半自动售票机 booking office machine，简称 BOM，通常设在车站售票室或客服中心，其主要功能为人工售票、补票、退票、车票充值、车票分析、车票处理等。BOM 可按照安装位置的不同而设置为不同的操作模式，如单独为非付费区服务的售票模式，单独为付费区服务的补票模式，兼顾非付费区及付费区服务的售票、补票模式等。

付费区与非付费区的划分主要是以围栏和闸机进行分界，乘客进闸之后进入付费区，乘客出闸之后进入非付费区。如乘客在付费区，车票显示没有出站；乘客在非付费区，车票的状态与所处的区域显示没有进站。

BOM 设备构成如图 2-15 所示。

2. 操作 BOM 设备

BOM 设备可以完成车票售卖、车票充值、延期、车票退款、乘客事务处理等多项业务，可以在 TVM 设备故障或大客流情况下出售单程票、预制票、储值票、乘次票、全国交通一卡通等其他卡式车票。乘客可以在地铁车站客服中心或车站设备、相应平台的服务点直接购买。针对特定人群发售的优惠票，则需要按城市轨道票务政策来发售。

储值票、乘次票通常设定了车票使用的有效期，在有效期到期后，如果乘客需要继续使用，可以在客服中心申请办理延期服务（有效期是指乘客购买了一张车票后，在车票所含有的余值充足的条件下，可以让乘客乘坐轨道交通的有效期限）。例如，单程票的有效期一般是 1 天，而储值票的有效期则可能会是比较长的时间，如 30 天或半年。对于到期后的车票，通过车票信息的分析，确认符合退款条件，可以直接办理退款；如果根据乘客提供的信息符合退款条件，但是车站分析不到车票信息的，则按规定给乘客办理相关手续后，将车票加封上交，告知乘客耐

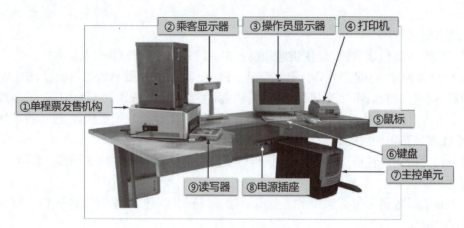

图 2-15　BOM 设备构成

心等待一定期限,待票务部门后台核查确认退款金额后,给乘客退还车票余值。

> **拓展阅读**
>
> "一收二唱三操作四找零",这是什么顺口溜?
>
> 当我们乘客去客服中心购票时,总是听到工作人员嘴里念念有词(见图 2-16)。那么除了"请、您好、谢谢、对不起、再见"这文明礼貌十字用语,工作人员到底在念叨什么呢? 其实是我们每个站务人员的必备技能——售票四部曲,"一收二唱三操作四找零"。
>
>
>
> 图 2-16　客服中心岗
>
> "一收"是收取乘客票款。
>
> "二唱"并不是唱歌给乘客听,而是讲出票款金额,重复乘客要求的购票张数和车票类型,如未听清乘客的要求应主动礼貌地询问。
>
> "三操作"是迅速准确地操作:检验钞票真伪,在半自动售票机上选择相应功能键,处理钞票等。
>
> "四找零"是清楚说出找赎金额和车票张数,将车票和零钱一起礼貌地交给乘客。
>
> (资料摘编自成都地铁微信公众号,https://mp.weixin.qq.com/s/nNn6UoXZpVPGQp-Vz1RxVA)

> **拓展阅读**

常州市轨道交通票价政策

一、轨道交通（地铁）票价

1. 采用里程计价票制，线网营运后执行统一票价政策。

2. 起步价为2元5公里，晋级里程5、5、7、7、9公里，每晋一级分别增加1元，即：里程5公里（含）以内票价2元，5到10公里（含）票价3元，10到15公里（含）票价4元，15到22公里（含）票价5元，22到29公里（含）票价6元，29公里以上每9公里票价增加1元。

二、票价优惠政策

1. 普通成人凭"市民卡""龙城通卡"实行9.5折优惠。

2. 每位成年人可免费携带2名身高1.3米（含）以下的儿童乘车，超过2名按超过人数购票。

3. 常州市中小学生（包括本市小学、初中、普通高中、职业中专、职业高中的学生）、身高1.3米以上学龄前儿童实行5折优惠。

4. 60到69周岁老年人（除工作日高峰时段7:00—9:00、16:00—18:00）实行5折优惠，工作日高峰时段实行9.5折优惠。

5. 70周岁（含）以上老年人（除工作日高峰时段7:00—9:00、16:00—18:00）免费乘坐，工作日高峰时段实行9.5折优惠。

6. 常州市低保人群实行5折优惠。

7. 残疾人、残疾军人、因公致残人民警察、现役军人、烈属、享受国家抚恤补助的优抚对象、见义勇为先进个人，以及获得国家无偿献血奉献奖、无偿捐献造血干细胞奖和无偿献血志愿服务终身荣誉奖的个人免费乘坐。

8. 其他法律、法规、政策有免费、优惠票价乘坐城市公共交通规定的，按照规定执行。

9. 轨道交通（地铁）与公交相互换乘。轨道交通（地铁）按刷卡进闸机的时间计时、公交按刷卡的时间计时，首次刷卡计时后60分钟（含）之内，轨道交通（地铁）与公交相互换乘，不限刷卡换乘次数，每次换乘刷卡时的基础票价首先优惠1元，然后再实行常规的刷卡优惠。

轨道交通（地铁）票价、票价优惠政策（轨道交通（地铁）与公交相互换乘除外）自地铁开通初期运营之日起实施，轨道交通（地铁）与公交相互换乘优惠政策自2019年11月30日起实施。

优惠政策主要指运营单位在乘车费用上对不同乘客给予的让利举措，有些是从市场营销的角度出发制定的，如给乘客的乘车费用积分优惠；有些是从社会效益的角度出发制定的，如给予学生、老人乘车折扣优惠；有些是依据政府的福利要求制定的，如部分地铁公司提供的60周岁及以上的老人免费乘坐地铁的优惠政策等。

车票使用的其他政策如下：

1. 乘客凭有效车票乘坐轨道交通，实行一人一票制，一张车票不可多人同时使用，进出站须使用同张车票，确保乘车记录完整。乘客应遵守运营单位运营主体规定的票务规则购买和使用车票，禁止涂改、伪造、变造车票。

> 2.乘客每次乘坐轨道交通从进闸到出闸的有效时限根据线网允许的最远乘车里程、列车的速度及乘客候车、换乘所需的合理时间确定,具体由运营单位在各车站公示明确。
> 3.超过有效时限的,乘客除须缴交当次车程费用以外,还须缴交超时车费,但因运营单位运营方面的原因导致的除外。乘客所使用的车票不足以支付所到达车站的实际车费时,须补交超程车费。乘客乘坐一个车程出现既超时、又超程的情况时,乘客除须缴交当次车程费用以外,还须按出闸站线网单程最高票价补缴超时车费,因轨道交通运营方面的原因导致的情况除外。

3. 处理 BOM 设备常见故障

常见 BOM 设备故障及其解决办法如表 2-8 所示。

表 2-8 常见 BOM 设备故障及其解决办法

序号	现象	原因	解决办法
1	设备启动后显示"暂停服务"状态	维修门没有关上	检查维修门的状态并将维修门关紧上锁
2	启动后操作员显示器没有显示	设备内部工控机没有开机或显示器处于关闭状态	检查设备内部工控机是否打开或打开显示器
3	操作员显示器屏幕显示"网络连接失败"	网络出现故障	检查半自动售票机和服务器之间的网络连接是否正确,必要时重新连接;检查系统服务器软件是否处于正常运行状态
4	乘客显示器没有显示	乘客显示器电源未打开或者连接不正确	打开乘客显示器电源或者检查线缆连接是否正确
5	无法发售单程票	单程票发售模块票箱已空或者票箱没有正确安装到位	更换新的单程票票箱或重新安装票箱
6	无法正常充值	储值卡读卡器连接不正确	重新连接储值卡读卡器
7	不能打印凭条	打印机电源没有打开或者打印纸已经用尽	检查打印机电源是否打开,或者重新安装或更换打印纸
8	打印的凭条不显示内容	打印机色带没有安装或者色带颜色已经用尽	检查打印机色带的安装状态或更换新的色带

4. 客服中心常见票务事务处理

客服中心常见票务事务及处理方法如表 2-9 所示。

表 2-9 客服中心常见票务事务及处理方法

客服中心常见的票务问题	问题处理方法
乘客给付的现金为残缺币，缺损部分小于 1/4	微笑接收，按照售票流程进行售票业务处理
乘客给付的现金为残缺币，缺损部分大于 1/4	"您好，对不起，按照规定我们不能接收缺损 1/4 以上的纸币，麻烦您换一张可以吗？谢谢合作！"
乘客给付的现金面值辨认不清	"您好，对不起，按照规定我们不能接收面值辨认不清的纸币，麻烦您换一张可以吗？谢谢合作！"
乘客给付的现金是数量很多的零钱	流通的人民币都应该按规定收取（再小的零钱也要接收，不论数量多少），因此面带微笑接收，按照售票流程进行售票业务处理。清点需要较长时间，同时排队买票的人数较多时，可寻求其他同事的帮助或引导乘客到 TVM 设备上买票
乘客给付的是外币或支票	"您好，对不起，按照规定我们不能接收外币或支票，麻烦您换成人民币现金可以吗？谢谢合作！"
乘客给付的纸币是假币	1. 不直接告诉乘客是假钞，只要求乘客更换："不好意思，您给我的纸币设备没法识别，麻烦您更换一张好吗？谢谢合作！" 2. 乘客拒绝更换时，耐心解释，如果乘客一直拒绝更换，报告值班站长或请求公安协助。 3. 若假币数量较多，立即报告值班站长或公安
客服中心零钱不足	1. 礼貌地问询乘客是否携带零钱："对不起，请问您有零钱吗？" 2. 如果乘客也没有零钱时，向乘客表示道歉："对不起，这里的零钱刚好用完，请您稍等，我们马上备好零钱为您服务。"
大客流情况下，乘客排队时间较长，开始出现抱怨情绪	向乘客致歉："对不起，请您稍等，我会尽快处理。"求助同事帮忙引导部分乘客到 TVM 设备购票，同时通知值班站长或巡视岗，加派人手售票或使用人工引导乘客到 TVM 设备购票
乘客在排队过程中发生争执和打架	加快售票速度，同时求助巡视岗或值班站长去协调解决，引导乘客到 TVM 设备自助购票，节省排队时间
乘客认为站务员找零不正确，要求补钱	1. 核对车票和找零金额，确认少找零时要立刻跟乘客致歉，说"对不起"，立即找给乘客正确的找零金额。 2. 不能确认时，应立即核对账款，并对乘客说："对不起，请您稍等一下。" 3. 账款相符时，对乘客说："请您再找找。"必要时请值班站长进行处理
临近末班车结束运营时仍有乘客需要购票	1. 问清乘客所去方向，在有车情况下，加快售票速度，提醒乘客抓紧时间，以免错过末班车； 2. 如果乘客所去方向已无车时，告知乘客尽快改乘其他交通工具

续表

客服中心常见的票务问题	问题处理方法
乘客使用伪造证件购买福利票	1.向乘客说明地铁车票使用规定,没收票证,按规定补交票款,并将与补交票款相等值的补票票根交予乘客。 2.处理时注意方法,灵活处理,如乘客所持证件确系伪造,可与公安部门联系
客服中心付费区和非付费区均有乘客等候服务	按照先付费区后非付费区的原则为乘客服务,对非付费区乘客解释:"对不起,请您稍等。"
有乘客需要兑换硬币服务	要清晰唱票:"收您××元,找您××元。"硬币应垒成柱状交给乘客,不得散放,不得有丢、抛等动作
当乘客出站时,刷卡或投票不能出站	乘客不能出站,出现超程或超时问题,需要补交费用:"您好,您的车票已超程/超时,请您按规定补交超程/超时车费××元。"
乘客使用过期单程票	耐心做好解释工作:"女士/先生,单程票只能当天并在购票站乘坐地铁使用,您的车票已过期,按规定这张车票需回收,假如您需要搭乘地铁,请您重新购买一张票。"
排队过程中有乘客插队	用礼貌而又坚定的语气提醒乘客:"麻烦您先排队,我们会尽快为您办理。"

任务5　乘客票卡(TVM)处理

学习目标

1. 知识目标：
- 了解车站厅巡岗岗位职责和管理制度；
- 掌握车站站厅自动售票机的布局和结构组成；
- 掌握自动售票机的开站和关站操作以及故障处理方法。
2. 技能目标：
- 理解车站厅巡岗的规章制度,能够根据工作实际提出改进建议；
- 厅巡岗能够及时引导乘客有序排队购票,能够处理自动售票机出现的购票故障；
- 厅巡岗能够完成自动售票机的关站和开站操作。
3. 素质目标：
- 坚守岗位职责,爱护设备；
- 爱岗敬业,积极热情,灵活应变,公私分明；
- 业务熟练,操作规范。

📢 发布任务

车站为了方便乘客购票,一般都会在出入口的附近即站厅区域配置相当数量的自动售票机(TVM),从而代替人工售票窗口进行售票,为乘客节省大量的排队时间。为引导乘客正确完成自助购票操作,保障自动售票机的正常运行,车站设置了厅巡岗,为乘客提供最佳的服务,下图为某地铁车站站厅自动售票机的布置。

厅巡岗首先要认知岗位职责,按规定领取岗位备品,注意服务礼仪和规范,引导乘客有序排队,关注自动售票机的运行状态,及时处理乘客在自助购票过程中出现的问题,做好自动售票机的开站和关站工作,配合值班站长做好自动售票机全部发生故障情况的票卡管理。

涉及岗位:厅巡岗。

📢 落实任务

一、熟知厅巡岗的岗位职责

序号	岗位职责	是否明确
1	执行车站管理的相关规章制度,做到有令必行,有禁必止	
2	密切观察进出车站站厅的乘客动态,一旦发现有违反地铁管理规定(精神异常、醉酒的乘客等)的行为,及时采取应对措施	
3	耐心回答乘客各类问询,特别关注和帮助老、弱、病、残等有困难的特殊乘客	
4	组织站厅客流合理流动,组织乘客分散到各个 TVM 设备前完成购票,协助乘客正确操作票务设备	
5	巡视车站 TVM 设备的运行情况,及时发现设备的故障问题,协助值班站长进行票箱、钱箱的更换或清点工作	
6	负责巡查站厅、出入口等区域,保证设备和设施的正常运行,并做好相关巡查记录,发现安全隐患时应及时报修,发现有故意损坏地铁设备的行为应及时制止,并上报登记	

二、自动售票机的日常管理

(1)识别自动售票机 TVM。

自动售票机 TVM 正面由多个面板组成,请在下图中标出以下部件:收条出口、找零/取票口、状态显示器、操作指示灯、求助按钮、硬币投入口、纸币投入口、乘客显示器、储值卡插入口。

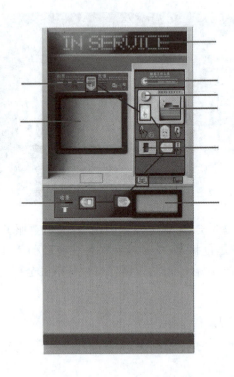

(2)TVM 开站操作。

项目	操作步骤	是否正确
打开 TVM 维护门	使用 TVM 维护门钥匙打开 TVM 维护门	
登录账号	在维护面板上输入操作员工号及密码	
补充单程票	识别 TVM 单程票模块	
	在维护面板主菜单中选择补充单程票菜单,输入补票数	
	将正确的单程票数量装入相应的单程票模块	
补充硬币	识别 TVM 硬币模块	
	在维护面板主菜单中选择补充硬币菜单,输入补币数	
	将正确的硬币数装入相应的硬币模块	

续表

项目	操作步骤	是否正确
识别 TVM 纸币模块	在维护面板主菜单中选择补充纸币菜单，输入补币数	
	装入 5 元找零钱箱、10 元找零钱箱	
	装入纸币回收钱箱	
装入硬币回收钱箱	确认硬币回收钱箱状态是否可以装入	
	装入硬币回收钱箱	
注销退出	在操作完成后，返回主菜单，注销退出	
关门	关门并锁闭 TVM 维护门	
确认 TVM 设备正常	查看 TVM 运营状态显示器显示"服务中"，乘客显示器（触摸屏）处于正常服务模式	

(3) TVM 关站操作。

项目	操作步骤	是否正确
打开 TVM 维护门	使用 TVM 维护门钥匙打开 TVM 维护门	
登录账号	在维护面板上输入操作员工号及密码	
下班盘点	在维护面板主菜单中选择相应命令，执行下班盘点操作	
清空或取出硬币找零钱箱	识别 TVM 硬币模块	
	确认硬币找零钱箱是清空状态或取出找零钱箱	
取出硬币回收箱	取出硬币回收箱	
取出纸币钱箱	识别 TVM 纸币模块	
	取出 5 元、10 元找零钱箱，取出纸币回收钱箱	
取出单程票回收箱	识别单程票模块	
	取出单程票回收箱	
	检查废票箱有无废票	
运营统计	确认运营统计清单上的当日单程票、硬币、纸币数量已经清零	
注销退出	操作完成后，返回主菜单，注销退出系统	
关门	关门并锁闭 TVM 维护门	

三、购票问题处理

序号	TVM 常见问题	解决方法
1	乘客首次使用 TVM	
2	出现票务问题	
3	出现卡票问题	
4	站厅出现客流拥堵	
5	运营结束前	

拓展任务

如果车站所有的 TVM 设备突发故障,无法为乘客提供自助购票服务时,值班站长该如何解决此时的票务问题?

_____
_____
_____
_____

评价反馈

评分项目	分值	自我评价得分	教师评价得分
工作页已完成（全部完成10分，其余0分）	10		
了解车站厅巡岗岗位职责和管理制度	5		
掌握车站站厅自动售票机的布局和结构组成	5		
掌握自动售票机购票问题处理方法	10		
掌握自动售票机的开站操作	10		
掌握自动售票机的关站操作	10		
总分			

知识要点

一、厅巡岗的岗位职责

厅巡岗的岗位职责如表 2-10 所示。

表 2-10 厅巡岗的岗位职责

序号	岗位职责
1	执行车站管理的相关规章制度，做到有令必行，有禁必止
2	密切观察进出车站站厅的乘客动态，一旦发现有违反地铁管理规定（精神异常、醉酒的乘客等）的行为，及时采取应对措施
3	耐心回答乘客各类问询，特别关注和帮助老、弱、病、残等有困难的特殊乘客
4	组织站厅客流合理流动，组织乘客分散到各个 TVM 设备前完成购票，协助乘客正确操作票务设备
5	巡视车站 TVM 设备的运行情况，及时发现 TVM 设备的故障问题，协助值班站长进行票箱、钱箱的更换或清点工作
6	负责巡查站厅、出入口等区域，保证设备和设施的正常运行，并做好相关巡查记录，发现安全隐患时应及时报修，发现有故意损坏地铁设备的行为应及时制止，并上报登记

二、TVM 票务设备

1. 认知自动售票机（TVM）设备结构

自动售票机 ticket vending machine，简称 TVM，设于车站非付费区，用于乘客自助式购买单程票。自动售票机可接受硬币、纸币等支付方式，并在乘客购票操作时能以硬币或纸币形式找零。

自动售票机主要面板有收条出口、找零/取票口、状态显示器、操作指示灯、求助按钮、硬币投入口、纸币投入口、乘客显示器、储值卡插入口等,如图2-17所示。

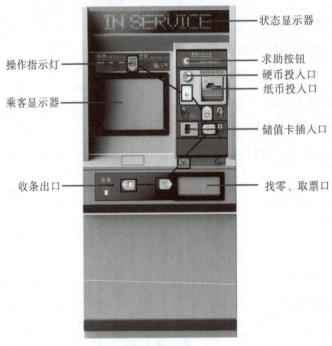

图 2-17　TVM 设备正面结构

2. 操作 TVM 设备

(1)开站操作。TVM 设备开站操作流程如表 2-11 所示。

表 2-11　TVM 设备开站操作流程表

项目	操作步骤
打开 TVM 维护门	使用 TVM 维护门钥匙打开 TVM 维护门
登录账号	在维护面板上输入操作员工号及密码
补充单程票	识别 TVM 单程票模块
	在维护面板主菜单中选择补充单程票菜单,输入补票数
	将正确的单程票数量装入相应的单程票模块
补充硬币	识别 TVM 硬币模块
	在维护面板主菜单中选择补充硬币菜单,输入补币数
	将正确的硬币数装入相应的硬币模块

续表

项目	操作步骤
识别 TVM 纸币模块	在维护面板主菜单中选择补充纸币菜单,输入补币数
	装入 5 元找零钱箱、10 元找零钱箱
	装入纸币回收钱箱
装入硬币回收钱箱	确认硬币回收钱箱状态是否可以装入
	装入硬币回收钱箱
注销退出	在操作完成后,返回主菜单,注销退出
关门	关门并锁闭 TVM 维护门
确认 TVM 设备正常	查看 TVM 运营状态显示器显示"服务中",乘客显示器(触摸屏)处于正常服务模式

(2)关站操作。TVM 设备关站操作流程如表 2-12 所示。

表 2-12　TVM 设备关站操作流程表

项目	操作步骤
打开 TVM 维护门	使用 TVM 维护门钥匙打开 TVM 维护门
登录账号	在维护面板上输入操作员工号及密码
下班盘点	在维护面板主菜单中选择相应命令,执行下班盘点操作
清空或取出硬币找零钱箱	识别 TVM 硬币模块
	确认硬币找零钱箱是清空状态或取出找零钱箱
取出硬币回收箱	取出硬币回收箱
取出纸币钱箱	识别 TVM 纸币模块
	取出 5 元、10 元找零钱箱,取出纸币回收钱箱
取出单程票回收箱	识别单程票模块
	取出单程票回收箱
	检查废票箱有无废票
运营统计	确认运营统计清单上的当日单程票、硬币、纸币数量已经清零
注销退出	操作完成后,返回主菜单,注销退出系统
关门	关门并锁闭 TVM 维护门

三、处理 TVM 设备常见故障

TVM 设备常见故障和处理方法如表 2-13 所示。

表 2-13 TVM 设备常见故障和处理方法

现象	原因	解决办法
无法正常出售单程票	单程票卡发售模块安装不正确	打开维修门,重新安装单程票卡发售模块,将发售模块拉出,再次推入卡槽中,确认听到咔嚓声,关好维修门,确认设备恢复正常运行
	单程票卡发售模块有卡票现象	打开维修门,拉出并检查单程票卡发售模块部件,找出被卡住的单程票卡,手动退回黑色转轮,将被卡车票取出,重新安装好单程票卡发售模块
	单程票票箱已经空了或废票箱将满	开维修门,检查单程票票箱是否已空,更换准备好的单程票票箱,检查废票箱,将废票箱的废票清空
无法为储值票卡充值	纸币传送单元出现卡币	打开维修门及现金安全门,拉出纸币单元,取下现金保护罩,找出被卡的纸币的位置,手动转动传送单元转轮,将纸币退回到退钞口取出,安装好现金罩,重新装好纸币单元
	乘客打印机缺纸,设备提示暂停服务	打开维修门,检查乘客打印机使用情况,发现显示"纸尽"红灯亮起即表示需要更换打印纸,拉出乘客打印机模块,更换新的打印机热敏纸

拓展阅读

南京地铁单程票的流通

你知道吗,每天使用的南京地铁单程票也要定期洗澡的哦!2020 年 7 月 22 日,现代快报记者获悉,截至 7 月中旬,南京地铁已完成全线网约 210 万枚单程票的清洗,总重约 5 吨(见图 2-18 和图 2-19)。

图 2-18 车票清点

图 2-19 车票清洗

南京地铁单程票是一张小小的蓝色 Token(用作支付方式的代币),被大家亲切地称为"小蓝"。你知道"小蓝"是如何流通运转的吗?据南京地铁介绍,从新票测试到计划下达,从编码制作到性能检测,从封装入库到最终生龙活虎地在南京地铁线网循环运动,"小蓝"的每一步都由票卡配送工为它们注入新的生命。

票卡配送工会定期从出站闸机中回收"小蓝",将它们带至指定场所进行全面清洗、消毒、晾晒、存储。配送工用精确配比的消毒液为回收的上万张"小蓝"进行一次"泡泡浴"。数吨的重量,数百次的搬运,一袋袋倒入消毒池,一次次揉搓,只为"小蓝"干净安全。

洗过澡的"小蓝"还要进行日光浴。它们被仔细铺好、晾晒,票卡配送工定时帮助它们翻身,保证所有"小蓝"充分干燥。虽然清洗、消毒、晾晒工作很繁重,但全体票卡配送工坚持做到疫情期间每天分批为车票"洗澡",确保"小蓝"安全健康地流通,为乘客的平安出行提供保障。

晾晒之后,一部分"小蓝"被存储起来,等待召唤,另一部分则由票卡配送工进行编码,并安全配送到车站(见图2-20和图2-21)。整个配送过程采用精确配送和集约配送相结合、列车配送和工程车配送相辅助等多途径,使得配送更快捷、更安全、更高效。票卡配送工在与车站工作人员交接后,"小蓝们"被放置在TVM(自动售票机)、POST(人工售票机)、票务室等不同场所,它们会伴随乘客,完成一次安全、安心、舒适的旅程。

图2-20　车票晾晒

图2-21　车票编码

(资料摘编自现代快报)

四、TVM设备常见票务事务处理

TVM设备常见问题和解决方法如表2-14所示。

表2-14　TVM设备常见问题和解决方法

TVM设备常见问题	解决方法
乘客首次使用TVM设备	咨询乘客的出行目的地,指导乘客在TVM设备自行购票,为避免发生不必要的纠纷,不要直接接触财物;引导乘客在闸机上刷卡进站,并提醒乘客注意安全,保管好票卡,出站时记得将票卡投入出站闸机口
乘客购买的车票无效	了解乘客购票情况,仔细查询TVM设备交易记录。若确认二者信息相符,则回收无效车票,带领乘客去客服中心填写"乘客事务处理单",发售一张同等面值车票给乘客,并表达歉意

续表

TVM 设备常见问题	解决方法
出现票务问题	向乘客做好解释工作,并按服务礼仪指示乘客或尽可能陪伴乘客前往客服中心
发生故障	第一时间到现场查看 TVM 设备故障原因,并向乘客致歉,引导乘客到别的 TVM 设备上购票。如果能现场解决就及时解决困难;如果不能立刻解决,及时做好登记,报设备维修
出现卡币或找零不足的问题	首先询问乘客的购票信息和投币信息,并请乘客稍等,打开 TVM 设备后盖,检查是否有卡币现象存在。若确认存在卡币,则按地铁公司票务规定办理,把钱币找还给乘客,并向乘客致歉;如设备显示正常,没有找到卡币,则再次进行购票操作,向乘客做好解释工作:设备不存在故障,请乘客再次购票
出现卡票问题	首先询问乘客的购票信息和投币信息,并请乘客稍等,打开 TVM 设备后盖,检查是否有卡票现象。若确认有卡票现象,把车票找给乘客,并致歉;若经过检查确认没有卡票,耐心跟乘客做好解释工作
无法找零或出票	检查 TVM 设备是否故障,如果确认需要更换票箱、钱箱或维修故障,礼貌提醒乘客到别的 TVM 设备上操作
站厅购票乘客分布不均匀	引导乘客到站厅人较少的一侧 TVM 设备上购票:"各位尊敬的乘客,目前这边的设备排队购票人员较多,为了节省您的时间,请您到另一侧人较少的自动售票机设备或临时售票处进行购票。"
站厅出现客流拥堵	提醒乘客排队购票:"各位乘客,目前是客流高峰期,请大家提前准备好零钱或支付码,有序排队购票,多谢合作!"
大客流时乘客排队队伍过长	提前做好票务应急预案,申请增派站务人员,指导乘客快速完成购票,引导乘客按秩序进站
运营结束前	摆放提醒告示牌,提醒乘客列车服务终止:"各位乘客请注意,×号线开往×方向的列车服务即将终止,请乘客停止购票进站,不便之处,敬请原谅。"

任务6　乘客问询服务处理

学习目标

1. 知识目标:
- 了解车站运营管理人员岗位职责和管理制度;
- 了解地铁管理中的首问责任制,掌握问询服务的流程;
- 掌握车站常见问询服务(票价、换乘线路、周边景点)的应对过程。

2. 技能目标：
- 理解车站运营管理规章制度，能够根据实际工作情况提出改进建议；
- 运营管理人员能够依据规章制度完成首问制服务，对车站线路情况和周边环境熟悉；
- 运营管理人员能独立处理乘客问询事宜。

3. 素质目标：
- 坚守岗位职责，仪态端庄；
- 爱岗敬业，热情耐心，不怕麻烦，有始有终；
- 业务操作熟练，态度和善可亲。

发布任务

地铁车站运营管理人员在客运服务过程中经常会遇到乘客咨询各类问题，需要车站运营管理人员给予解答。能否高效熟练地完成乘客问询业务，这将关系到乘客对客运服务的满意程度和地铁公司的形象，因此在服务过程中，地铁公司要求运营管理人员执行首问责任制，注意服务礼仪和服务规范用语，为乘客提供票价、换乘、周边环境等相关问询服务。

涉及岗位：客服中心岗、站台岗、厅巡岗等。

落实任务

一、首问责任制

（1）什么是首问责任制？

_____
_____
_____
_____

（2）问询服务标准。

考核项目	考核标准	是否合格
仪表	整洁大方，站立答复，引导手势正确	
表情	微笑迎接，态度和蔼可亲，随时回应	
语言	礼貌称呼乘客，普通话清晰标准，语速合适，表达准确	
技能	掌握客运服务应知应会内容，业务功底扎实	

（3）问询服务规范用语。

规范用语	服务过程中是否出现不规范用语
您好，请讲	
好啊！没问题	

续表

规范用语	服务过程中是否出现不规范用语
不好意思,麻烦您重复一遍	
麻烦您……请您……	
对不起,我会立即处理	
麻烦您等一下,我会尽快为您办理	
我帮您看看	
再见	

二、询问服务流程

作业程序	作业要求	服务过程中是否出现错误言行
"一迎"	客服中心岗应主动站立,微笑迎接乘客:"您好,请问有什么需要我帮忙吗?"	
	其他运营管理人员正在行走时,遇到乘客问询,要先停下站稳,面向乘客微笑迎接	
"二听"	耐心认真地听完乘客的提问,并目视乘客	
	需要插话时,应当在对方讲话告一段落再进行,不要直接否定乘客的话,更不能与乘客"抬杠"	
	如果没有听清乘客的问话,要求乘客再次重复时,一定要注意礼貌用语:"对不起,请您再说一遍,好吗?"	
"三答"	回答乘客询问时,不得使用方言,应使用普通话回答,声音适中,语气温和,耐心、准确地回答	
	对所有问询的乘客一视同仁,不以貌取人	
	如果问询过程中有不知道的事或不确定的事,可向乘客说明:"这个问题我不太明白,请您稍等,让我了解清楚之后,再告诉您,好吗?"	
	当众多乘客一起询问时,要从容不迫地一一作答,不能只顾一位,冷落其他乘客	
"四别"	乘客问询结束时,应主动与乘客告别:"请您慢走,再见。"	

三、常见问询服务内容

在问询服务过程中,车站运营管理人员应积累丰富的地铁服务知识,做到百问百答。除熟练掌握本岗位业务知识外,车站运营管理人员还应多积累、总结和了解其他相关岗位的业务知识,并对站点周边的交通旅游、购物、餐饮、住宿、医疗等延伸信息多收集、多了解,这样才能做到高效完美地为乘客解决问询过程中的问题。

乘客问询事宜	标准答复	是否正确
在哪里可以购票	女士/先生,您好,如果您需要购买单程票,请准备零钱或在此兑换零钱,然后到自动售票机处购票。如果您需要购买储值卡,可在此购买	
小孩是否享受半票福利	女士/先生,您好,按照地铁规定,如果小孩没有超过1.2米,一位成年人可以免费携带一名小孩乘坐地铁	
储值卡最多能刷几个人	女士/先生,对不起,储值卡只能一个人使用,不能多人同时使用	
附近哪里有公交站	女士/先生,您好,去附近××公交站,可以从×号出口出去,向前走××米即可到达,在这个公交车站,可以乘坐×路车	

四、实景演习

问询内容	答复规范	得分
到××站的票价是多少		
如何换乘2/3/4/8号线		
周边有哪些景点		

以上海火车站为例,结合上海地铁乘车指示图和上海地铁1号线票价,答复乘客提出的关于地铁票价、换乘以及周边著名景点的公交线路问题。

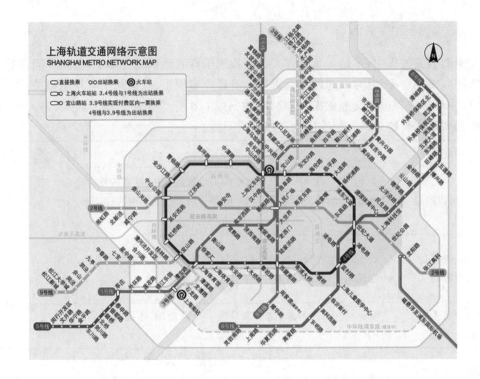

上海地铁1号线票价

车站	富锦路	友谊西路	宝安公路	共富新村	呼兰路	通河新村	共康路	彭浦新村	汶水路	上海马戏城	延长路	中山北路	上海火车站	汉中路	新闸路	人民广场	黄陂南路	陕西南路	常熟路	衡山路	徐家汇	上海体育馆	漕宝路	上海南站	锦江乐园	莲花路	外环路	莘庄
富锦路		3	3	3	3	3	4	4	4	4	4	4	5	5	5	5	5	5	5	5	6	6	6	6	6	6	6	7
友谊西路	3		3	3	3	3	4	4	4	4	4	4	5	5	5	5	5	5	5	5	6	6	6	6	6	6	6	6
宝安公路	3	3		3	3	3	4	4	4	4	4	4	4	5	5	5	5	5	5	5	6	6	6	6	6	6	6	6
共富新村	3	3	3		3	3	4	4	4	4	4	4	4	5	5	5	5	5	5	5	5	6	6	6	6	6	6	6
呼兰路	3	3	3	3		3	3	4	4	4	4	4	4	5	5	5	5	5	5	5	5	6	6	6	6	6	6	6
通河新村	3	3	3	3	3		3	4	4	4	4	4	4	4	5	5	5	5	5	5	5	5	5	6	6	6	6	6
共康路	4	4	4	4	3	3		3	4	4	4	4	4	4	4	5	5	5	5	5	5	5	5	5	6	6	6	6
彭浦新村	4	4	4	4	4	4	3		3	3	4	4	4	4	4	4	5	5	5	5	5	5	5	5	5	6	6	6
汶水路	4	4	4	4	4	4	4	3		3	3	4	4	4	4	4	4	5	5	5	5	5	5	5	5	5	5	5
上海马戏城	4	4	4	4	4	4	4	3	3		3	3	4	4	4	4	4	4	4	5	5	5	5	5	5	5	5	5
延长路	4	4	4	4	4	4	4	4	3	3		3	3	4	4	4	4	4	4	4	5	5	5	5	5	5	5	5
中山北路	4	4	4	4	4	4	4	4	4	3	3		3	3	4	4	4	4	4	4	4	5	5	5	5	5	5	5
上海火车站	5	5	4	4	4	4	4	4	4	4	3	3		3	3	3	4	4	4	4	4	4	4	5	5	5	5	5
汉中路	5	5	5	5	5	4	4	4	4	4	4	3	3		3	3	3	4	4	4	4	4	4	4	5	5	5	5
新闸路	5	5	5	5	5	5	4	4	4	4	4	4	3	3		3	3	3	4	4	4	4	4	4	4	5	5	5
人民广场	5	5	5	5	5	5	5	4	4	4	4	4	3	3	3		3	3	3	4	4	4	4	4	4	4	5	4
黄陂南路	5	5	5	5	5	5	5	5	4	4	4	4	4	3	3	3		3	3	3	4	4	4	4	4	4	4	4
陕西南路	5	5	5	5	5	5	5	5	5	4	4	4	4	4	3	3	3		3	3	3	4	4	4	4	4	4	4
常熟路	5	5	5	5	5	5	5	5	5	4	4	4	4	4	4	3	3	3		3	3	3	4	4	4	4	4	4
衡山路	5	5	5	5	5	5	5	5	5	5	4	4	4	4	4	4	3	3	3		3	3	3	4	4	4	4	4
徐家汇	6	6	6	5	5	5	5	5	5	5	5	4	4	4	4	4	4	3	3	3		3	3	3	4	4	4	4
上海体育馆	6	6	6	6	6	5	5	5	5	5	5	5	4	4	4	4	4	4	3	3	3		3	3	3	4	4	4
漕宝路	6	6	6	6	6	5	5	5	5	5	5	5	4	4	4	4	4	4	4	3	3	3		3	3	3	3	4
上海南站	6	6	6	6	6	6	5	5	5	5	5	5	5	4	4	4	4	4	4	4	3	3	3		3	3	3	3
锦江乐园	6	6	6	6	6	6	6	5	5	5	5	5	5	5	4	4	4	4	4	4	4	3	3	3		3	3	3
莲花路	6	6	6	6	6	6	6	6	5	5	5	5	5	5	5	4	4	4	4	4	4	4	3	3	3		3	3
外环路	6	6	6	6	6	6	6	6	5	5	5	5	5	5	5	5	4	4	4	4	4	4	3	3	3	3		3
莘庄	7	6	6	6	6	6	6	6	5	5	5	5	5	5	5	4	4	4	4	4	4	4	4	3	3	3	3	

拓展任务

由于车站每天进出的人流量很大,而车站运营管理人员数量有限,因此车站服务过程中难免会出现问题,部分乘客会对车站运营管理人员提供的问询服务不满意,从而进行投诉。车站接到乘客投诉,该采取何种处理程序来解决?

_____
_____
_____
_____
_____
_____

评价反馈

评分项目	分值	自我评价得分	教师评价得分
工作页已完成(全部完成10分,其余0分)	10		
了解车站运营管理人员岗位职责和管理制度	5		
掌握地铁管理中的首问责任制	5		
掌握车站运营管理人员问询服务流程	10		
掌握车站常见问询服务(票价、换乘线路、周边景点)	10		
实景演习	10		
总分			

知识要点

乘客问询是指乘客在地铁服务区内,向运营管理人员询问交通线路、周边环境、票务政策等信息或对地铁运营服务等提出建议、意见的行为。

以深圳地铁为例,地铁客流数据显示,2022年3月21日至3月27日,深圳地铁全线网总客运量为2210万人次,其中工作日日均客运量352.7万人次,为2021年正常工作日的53%,周末日均客运量223.1万人次,为2021年正常周末的42%。如此大量的客流中,总会有一些乘客有问询服务的需求。城轨运营管理人员能否为乘客提供及时、准确、热情、主动的服务,将会影响到乘客对地铁客运服务的直观感受。因此城轨运营管理人员需要根据首问责任制,使用规范服务用语,遵循"一迎、二听、三答、四别"的流程,为乘客提供满意的问询服务。

一、首问责任制

"首问责任"是指地铁客运服务过程中,最先接待乘客问询、投诉的个人或单位,即为首问责任人或单位，必须负责解决和跟踪乘客问询、投诉，直至乘客得到满意答复为止。首问责任制作为一项专项制度推出具有重要的意义，可以解决乘客问询中一系列的问题。当两位及以上运营管理人员一起被询问时，职位高者或到岗时间长者被认定为首问责任人。

拓展阅读

常州地铁向市民做出的运营服务承诺

安全运营、行车准点；首问负责、规范服务；源于诉求、创造感动；设施稳定、运行可靠；环境舒适、站车整洁；信息发布、及时全面；应急处置、安全高效；沟通畅通、监督透明。这是常州地铁向市民做出的运营服务承诺。

一、首问负责、规范服务

2020年，地铁一线客服员工严格执行"首问责任制，着装整洁、标志齐全、用语规范"的企业服务标准，秉持"温馨服务，关爱一路"的服务理念，为乘客提供兑零、问询、协助特殊乘客进出站等便民周到的乘车服务。常州地铁运营服务受到广大乘客的认可和好评，共收到乘客来电、留言表扬1473起，锦旗69面，社区表扬信5封（见图2-22）。

二、源于诉求、创造感动

2020年，常州地铁开展了春运送温暖、助力高考考生、站长面对面、进社区校园等服务活动20次，提供无障碍服务400余次，应急药箱服务1000余次，提供便民服务箱服务900余次，女性关爱服务300余次，母婴关爱服务100余次，"爱心预约"接、送站服务8次。另外，在梅雨季节向乘客提供了高铁站—地铁站"摆渡"服务，为来往乘客提供诸多便利（见图2-23）。

图2-22　收到锦旗

图2-23　车站便民服务

三、沟通畅通、监督透明

常州地铁服务热线（0519-68180000）24小时为市民提供人工服务，2020年累计接到各类工单（包括12345、12319、96196等平台）21018件，其中咨询类9756件、建议类197件、求助类801件、投诉类10件、表扬类1101件、失物招领类4865件、其他类4288件。工单受理率100%，投诉回复率100%，乘客满意度100%。为提高乘客服务质量，服务热线定期对市民需求进行统计分析、组织召开热线工作例会，督促相关责任单位整改、落实（见图2-24）。

2020年,常州地铁在做好新冠疫情防控的前提下,认真履行服务承诺,圆满完成旅客运输任务,并在年度服务质量评价中取得927.3分的成绩。

2021年,常州地铁将进入双线运营时代,我们将一如既往在行车组织、客运服务、设施维护、环境控制、信息发布等方面不断探索、追求卓越,努力为常州市民提供更安全、更优质的运输服务。

(资料摘编自常州地铁微信公众号)

图 2-24 服务热线

二、服务规范

1. 问询服务标准

仪表要求:整洁大方,站立答复,引导手势正确。
表情要求:微笑迎接,态度和蔼可亲,随时回应。
语言要求:礼貌称呼乘客,普通话清晰标准,语速合适,表达准确。
技能要求:掌握客运服务应知应会内容,业务功底过关。

2. 问询服务规范用语

车站运营管理人员问询规范用语如表 2-15 所示。

表 2-15 车站运营管理人员问询规范用语

序号	规范用语	不规范应答
1	您好,请讲	一言不发
2	好啊!没问题	好吧
3	不好意思,麻烦您重复一遍	什么呀
4	麻烦您……请您……	你应该……
5	对不起,我会立即处理	不是我的问题,你找其他人看看
6	麻烦您等一下,我会尽快为您办理	我现在真的很忙
7	我帮您看看	你可以去看指示牌
8	再见	拜拜

三、询问服务流程

"一迎":主动站立,微笑迎接乘客,说:"您好,请问有什么需要我帮助吗?"行走时,遇到乘客问询,要站稳,面向乘客,微笑迎接。

常见错误:转头斜视乘客,边走边回答。

"二听":认真听完乘客的提问,倾听时耐心专注、态度诚恳,并注视乘客面部。需要插话时,应当在对方讲话告一段落再进行,不要直接否定对方的话,更不能"抬杠"。如果没有听清乘客的问话应说:"对不起,请您再说一遍,好吗?"

常见错误:打断乘客话语;冷言冷语,漠不关心。

"三答":回答询问时,应使用普通话耐心回答,声音适中,语气温和,耐心、准确地回答。同时,应注意对乘客一视同仁,不以貌取人。要以丰富的业务知识,用自己的热情、真诚来赢得每位乘客的信任。乘客问询,让乘客有思考过程,要耐心,必要时要重复。不知道的事或拿不准的事,可向乘客说明:"这个问题我不太明白,请您等一等,让我了解清楚再告诉您,好吗?"如果有众多乘客询问时,要从容不迫地一一作答,不能只顾一位,冷落其他乘客。

常见错误:以摇头、摆手等不礼貌动作或语言作为回答;边回答边做其他工作;信口开河、敷衍了事,回避乘客问题。

"四别":问询结束时,主动告别乘客:"请您慢走,再见。"

常见错误:直接忽视乘客;不再理睬乘客。

四、常见问询服务内容

在问询服务过程中,车站运营管理人员应积累丰富的地铁服务知识,做到百问百答。除熟练掌握本岗位业务知识外,车站运营管理人员还应多积累、总结和了解其他相关岗位的业务知识,并对站点周边的交通旅游、购物、餐饮、住宿、医疗等延伸信息多收集、多了解,这样才能做到高效完美地为乘客解决问询过程中的问题。

乘客常见问询事宜及答复如表 2-16 所示。

表 2-16　乘客常见问询事宜及答复

乘客问询事宜	标准答复
在哪里可以购票	女士/先生,您好,如果您需要购买单程票,请准备零钱或在此兑换零钱,然后到自动售票机处购票。如果您需要购买储值卡,可在此购买
询问到××站的票价	女士/先生,您好,到××站的票价为××元
小孩是否享受半票福利	女士/先生,您好,按照地铁规定,如果小孩没有超过1.2米,一位成年人可以免费携带一名小孩乘坐地铁
储值卡最多能刷几个人	女士/先生,对不起,储值卡只能一个人使用,不能多人同时使用
购买双程票	女士/先生,对不起,地铁车站没有双程票出售,单程票只能在购票的车站当日使用
附近哪里有公交站	女士/先生,您好,去附近××公交站,可以从×号出口出去,向前走×米即可到达,在这个公交车站,可以乘坐×路车

拓展阅读

北京轨道交通首个车站智能服务机器人在国家图书馆站"上岗"

"乘客您好,欢迎来到国家图书馆站,请问有什么可以帮您的?"2021年9月28日,在地铁16号线国家图书馆站,北京轨道交通首个车站智能服务机器人上线,正在热情地服务乘客问询。它身高1.5米,通体白色,呆呆萌萌,回答热情有礼,吸引了不少乘客驻足询问。据介绍,机器人可为乘客指路,还能提供地铁运营、车站附近设施等信息服务。

9月28日,在京港地铁4号线和16号线国家图书馆站,3台科技感十足的地铁车站智能服务机器人正式"上岗",为乘客提供出行查询、实地引领及运营提示等智能服务。这款人工智能机器人,化身京港地铁出行小管家"阿捷",外形活泼可爱且拥有丰富的知识库,可通过语音交互、图像化表达等方式实现人机交流(见图2-25)。

图2-25　京港地铁问询服务机器人

北青-北京头条记者从京港地铁获悉,这是北京轨道交通首次将智能机器人引入地铁站,为乘客提供多元的出行服务,方便乘客出行。

机器人"本领高超",为乘客提供多元的智能出行服务。"阿捷"胸前的大屏幕"藏"着智能助手,包含多个智能服务板块,其中,机器人通过"阿捷领路"功能,可实地引领乘客到达站厅的自动售票机、直梯、出入口、换乘通道等指定地点;"阿捷问答"功能则可以解答乘客出行过程中的常见问题,如票务信息、日常问询及无障碍出行等。同时,乘客可使用"信息查询"功能,了解站内布局图、站外街区图、列车时刻表、路网线路图等内容。此外,"周边查询"还可以连接电子地图,实时查询车站周边信息。

机器人可实现自主学习,助力提升车站智能服务水平。"阿捷"可根据不断丰富的数据,完善知识库及周边地图导航等功能,人机交互信息的广度和准确度也会不断提高,助力为乘客提供更优质的出行体验。

此外,"阿捷"还可以根据问询内容及应答场景展现微笑、叹息等表情,在乘客需要帮助时,可通过语音"你好阿捷"或触屏方式,唤醒"阿捷",获取服务。与此同时,机器人"阿捷"还即将化身"调度专家"在行车调度中心"上岗",为行车调度出谋划策,助力乘客出行。

(资料摘编自北京青年报北青网官方账号)

项目 3
组织早晚高峰期客流

任务 1 分类安检

扫码查看
项目资源

> 学习目标

1. 知识目标：
- 了解车站安全管理制度和相关管理规范；
- 掌握车站安检规定；
- 掌握车站安检方法。
2. 技能目标：
- 理解车站安全管理制度，能够根据工作实际提出改进建议；
- 能够在安检工作中快速判断乘客携带的物品是否违禁；
- 能够正确使用车站安检设备并做出准确判断；
- 能够处理安检纠纷。
3. 素质目标：
- 遵守安全至上原则，深刻认识安检工作的重要性；
- 坚守岗位职责，坚持安检必严、违法必究；
- 能够理解乘客需求，处理好安检产生的纠纷。

> 发布任务

通过网络、实地调查了解车站安检的目的、流程、方法、处理办法。做好调查记录与分析。

> 落实任务

1. 了解安检岗位

(1) 网络搜索车站安全事故报道，回答为什么要做安检，不做安检的有害后果有哪些？

a. _____

b. _____

c. _____

d. _____

e. _____

(2) 安检检查的重点对象有哪些类型？

a. _____

b. _____

c. _____

d. _____

(3) 完成安检有多少个岗位？各岗位的职责是什么？请通过调查，以北京、广州、本地城市等至少 3 个不同地区举例说明。

a. _____
_____
_____

b. _____
_____
_____

c. _____
_____

2. 车站安检内容

(1) 管制器具及具有一定杀伤力的其他器具。

序号	类型	属于管制器具的打√
1	管制刀具	□匕首　□三棱刮刀　□带有自锁装置的弹簧刀（跳刀）　□刀尖角度小于 60 度、刀身长度超过 150 毫米的各类单刃、双刃和多刃刀具　□刀尖角度大于 60 度、刀身长度超过 220 毫米的各类单刃、双刃和多刃刀具　□符合上述条件的陶瓷类刀具
2	具有一定杀伤力的器具	□催泪器　□催泪枪　□电击器　□电击枪　□防卫器　□弓　□弩　□玩具枪
3	含火药的制品	□射钉弹　□发令弹　□烟花　□爆竹
4	常见的具有杀伤力的器具	□菜刀　□砍刀　□美工刀　□锤　□斧　□锥　□铲　□锹　□镐　□矛　□剑　□戟　□其他可造成人身被刺伤、割伤、划伤、砍伤等的锐器、钝器
5	军用器具	□警棍　□手铐　□其他警械

(2) 枪支、子弹类。

序号	工具	是否携带
1	军用枪	手枪　步枪　冲锋枪　机枪　防暴枪　各类配用子弹
2	民用枪	气枪　猎枪　运动枪　麻醉注射枪　各类配用子弹
3	其他枪支	道具枪　发令枪　钢珠枪　上述物品的样品、仿制品

(3)爆炸和易燃易爆物品。

序号	类型	写出该类物品名称,越多越好
1	弹药	
2	爆破器材	
3	烟火制品	
4	压缩气体和液化气体	
5	易燃液体	
6	易燃固体	
7	遇湿易燃物品	

续表

序号	类型	写出该类物品名称，越多越好
8	氧化剂和有机过氧化物	

3. 说明下列安检设备工作原理

（手持金属探测器图）	
（X光安检机图）	
（台式检测仪图）	

4. 通过调查补充你所知道的人工检测方法(至少三类)

a. _____

b. _____

c. _____

5. 提高大客流条件下的安检效率的办法

a. 分类安检：结合安检目的探讨具备什么样的条件可以走快速安检通道。

_____
_____

b. 写出可以提高安检效率的创新性技术或方法，简单说明理由。

_____
_____
_____

6. 搜索并完成阅读任务

a.《中华人民共和国治安管理处罚法》。
b.《广州市城市轨道交通管理条例》。

拓展任务

对比北京市、广州市的城市轨道交通安全管理相关规定，总结其异同，分析北京市、广州市安检差异的原因，从经济社会发展、地方文化、企业文化等层面进行阐述。

_____
_____
_____
_____
_____
_____
_____
_____

评价反馈

评分项目	分值	自我评价得分	教师评价得分
工作页已完成(全部完成10分，其余0分)	10		
了解车站安全管理制度	10		
了解各地轨道交通安全管理规定	10		
掌握车站安检岗位职责	10		
掌握车站安检工作方法	10		
总分			

一、城市轨道交通车站安检概述

1. 安检目的

2005年8月28日第十届全国人民代表大会常务委员会第十七次会议通过《中华人民共和国治安管理处罚法》。第一条:"为维护社会治安秩序,保障公共安全,保护公民、法人和其他组织的合法权益,规范和保障公安机关及其人民警察依法履行治安管理职责,制定本法。"第二条:"扰乱公共秩序,妨害公共安全,侵犯人身权利、财产权利,妨害社会管理,具有社会危害性,依照《中华人民共和国刑法》的规定构成犯罪的,依法追究刑事责任;尚不够刑事处罚的,由公安机关依照本法给予治安管理处罚。"第二十三条:"扰乱公共汽车、电车、火车、船舶、航空器或者其他公共交通工具上的秩序的","处警告或者二百元以下罚款;情节较重的,处五日以上十日以下拘留,可以并处五百元以下罚款"。第二十五条:"投放虚假的爆炸性、毒害性、放射性、腐蚀性物质或者传染病病原体等危险物质扰乱公共秩序的","处五日以上十日以下拘留,可以并处五百元以下罚款;情节较轻的,处五日以下拘留或者五百元以下罚款"。第三十二条:"非法携带枪支、弹药或者弩、匕首等国家规定的管制器具的,处五日以下拘留,可以并处五百元以下罚款;情节较轻的,处警告或者二百元以下罚款。非法携带枪支、弹药或者弩、匕首等国家规定的管制器具进入公共场所或者公共交通工具的,处五日以上十日以下拘留,可以并处五百元以下罚款。"

城市轨道交通运营单位可以对乘客携带的物品进行安全检查,主要是检查旅客及其行李物品中是否携带枪支、弹药、易爆、腐蚀、有毒、放射性等危险物品,以确保地铁及乘客的安全。地铁安检是进入地铁人员必须履行的检查手续,是保障乘客人身安全以及社会公共财产安全的重要预防措施,它是地铁安全的第一道防线。

2. 安检对象

地铁乘客必须按照相关规定接受安全检查,地铁营运单位有权对乘客的行李物品进行检查,初检有嫌疑的接受手检,如果乘客坚持不配合检查,那么地铁运营方有权拒绝搭乘该乘客。情节严重时可报警处理,公安机关介入调查的时候仍拒不履行的属于违法行为。《中华人民共和国治安管理处罚法》第五十条规定:"阻碍国家机关工作人员依法执行职务的","处警告或者二百元以下罚款;情节严重的,处五日以上十日以下拘留,可以并处五百元以下罚款"。"阻碍人民警察依法执行职务的,从重处罚。"

城市轨道交通是城市公共交通系统中的重要组成部分,地方人民政府一般会根据地区现状制定更为详细的轨道交通运营安全管理条例。如北京市第十四届人民代表大会常务委员会第十五次会议通过了《北京市轨道交通运营安全条例》,自2015年5月1日起施行,规定了适用范围、领导组织职责、运营单位安全管理责任、风险防控、运营安全、设备设施安全、安全监测、从业人员要求、安全检查规定、乘客要求、应急管理和安全管理职责与处罚措施等。

3. 安检岗位职责

地铁安检的岗位职责也源自法律的规定。《北京市轨道交通运营安全条例》第四十条规定:"安全检查人员应当具备轨道交通运营安全基础知识,熟悉安全检查规章制度和安全检查设备设施操作规程,掌握相应的安全检查技能,经公安机关考核合格后方可上岗作业。"同时要求安全检查人员实施安全检查时要文明礼貌、执行安全检查操作规程、不得损坏受检查人携带的合法物品。因此,地铁安检岗位的职责是按照法律法规和企业规章制度,熟练使用相关设备检查出乘客携带物品中违反安全管理法律法规的物品。

在地铁车站,除了安检岗位以外,还有站台和站厅保安维护站台区域和站厅区域安全,巡视重点区域和设备安全运行状态,发现违反轨道交通运营安全条例的行为及时劝阻制止,发现可疑人员或物品报告车控室,配合做好车站内的突发事件处置。

4. 安检岗位设置

地铁车站安检一般设置引导员、值机员、手检员三个岗位,按照安检提示监督、安检设备操作监控、特殊物品检验的安全检查流程来设置,分别位于安检点入口、安检设备后方、安检结束点三个位置(见图3-1)。实际工作中,可以在符合法律规定的前提下视车站客流量大小和城市轨道交通管理规定进行增减,法律法规明确规定了安检配置标准的不得随意减岗。

图 3-1 地铁安检

在需要时还会增设卫生安全检查岗,如昆明市公安局、昆明市中级人民法院、昆明市人民检察院联合发布了《关于依法惩治妨害疫情防控违法犯罪行为的通告》,通告规定:拒不遵守公共场所防控规定,出入公共场所、乘坐公共交通工具,拒不按规定佩戴口罩,拒不配合体温测量、人员登记、身份核查、健康码、行程卡查验等防疫措施,且不听劝阻的,经调查属实,属于一般违法行为给予行政处罚;引起新型冠状病毒传播或者有传播严重危险,或者造成公共秩序严重混乱等,构成犯罪的,依法追究刑事责任。昆明市地铁在安检前设置了防疫安全检查岗位(见图3-2)。

二、安检危险物品

法律法规是安检工作的根本依据,包括危险品目录、反恐怖主义法、突发事件管理法等,地方轨道交通运营管理部门可遵照国家法律规范制定乘坐轨道交通禁止携带物品目录。根据法律法规,地铁安检的危险物品可大致分为管制器具、枪支弹药、易燃易爆物品、有毒有害品和限制携带物品。

1. 管制器具

凡符合下列标准之一的,可以认定为管制刀具:
(1)匕首:带有刀柄、刀格和血槽,刀尖角度小于60度的单刃、双刃或多刃尖刀。

图 3-2　地铁防疫安全检查

(2) 三棱刮刀：具有三个刀刃的机械加工用刀具。

(3) 带有自锁装置的弹簧刀(跳刀)：刀身展开或弹出后，可被刀柄内的弹簧或卡锁固定自锁的折叠刀具。

(4) 其他相类似的单刃、双刃、三棱尖刀：刀尖角度小于 60 度，刀身长度超过 150 毫米的各类单刃、双刃和多刃刀具。

(5) 其他刀尖角度大于 60 度，刀身长度超过 220 毫米的各类单刃、双刃和多刃刀具。

未开刀刃且刀尖倒角半径 R 大于 2.5 毫米的各类武术、工艺、礼品等刀具不属于管制刀具范畴。少数民族使用的藏刀、腰刀、靴刀、马刀等刀具的管制范围认定标准，由少数民族自治区(自治州、自治县)人民政府公安机关参照本标准制定。

其他管制器具如电击器、电击枪、弓、弩等。

除管制刀具以外，可能危及旅客人身安全的菜刀、餐刀、屠宰刀、斧子等利器、钝器，射钉枪、防卫器、弓、弩等其他器具，也禁止携带进站上车。

2. 枪支弹药

(1) 手枪、步枪、冲锋枪、机枪、防暴枪等军用枪以及各类配用子弹(含空包弹、战斗弹、检验弹、教练弹)；气枪、猎枪、运动枪、麻醉注射枪等民用枪以及各类配用子弹；道具枪、仿真枪、发令枪、钢珠枪、消防灭火枪等其他枪支；上述物品的样品、仿制品。

军人、武警、公安人员、民兵、射击运动员等人员携带枪支子弹的，按照国家法律法规有关规定办理，并严格执行枪弹分离等有关枪支管理规定。

(2) 炸弹、照明弹、燃烧弹、烟幕弹、信号弹、催泪弹、毒气弹、手雷、手榴弹等弹药；炸药、雷管、导火索、导爆索、爆破剂、发爆器等爆破器材；礼花弹、烟花、鞭炮、摔炮、拉炮、砸炮等各类烟花爆竹以及发令纸、黑火药、烟火药、引火线等烟火制品；上述物品的仿制品。

3. 易燃易爆物品

(1) 氢气、一氧化碳、甲烷、乙烷、丁烷、天然气、乙烯、丙烯、乙炔(溶于介质的)、液化石油气、氟利昂、氧气(供病人吸氧的袋装医用氧气除外)、水煤气等易燃气体及其专用容器。

(2) 汽油、煤油、柴油、苯、酒精、丙酮、乙醚、油漆、稀料(香蕉水、硝基漆稀释剂)、松香油等易燃液体；红磷、闪光粉、固体酒精、赛璐珞等易燃固体。

(3) 黄磷(白磷)、硝化纤维、油纸及其制品等易自燃物质；金属钾、钠、锂、碳化钙(电石)、镁铝粉等遇水放出易燃气体的物质。

(4) 过氧化钠、过氧化钾、过氧化铅、过醋酸、双氧水等氧化性物质和有机过氧化物。

(5)上述物品均包括其混合物。

4. 有毒有害品

(1)氰化物、砒霜、硒粉、苯酚等剧毒化学品以及毒鼠强等剧毒农药(含灭鼠药、杀虫药)。

(2)硫酸、盐酸、硝酸、氢氧化钠、氢氧化钾、蓄电池(含氢氧化钾固体、注有酸液或碱液的)、汞(水银)等腐蚀性物品。

(3)放射性同位素等放射性物品。

(4)乙肝病毒、炭疽杆菌、结核杆菌、艾滋病病毒等传染病病原体。

5. 限制携带物品

《江苏省轨道交通安全检查工作规范》限制携带物品目录如表3-1所示。

表3-1 《江苏省轨道交通安全检查工作规范》限制携带物品目录

种类	品名	限带数量	备注
刀具、工器具	菜刀、水果刀、餐刀、剪刀、工艺刀、工具刀、陶瓷刀等	单品限量携带1把(件),累计限量携带不得超过3把(件)(含)	刀刃部分在10厘米以上的
	斧头、锤子、钢(铁)锉、锥子(尖锐物)、铁棍、锯子等金属利器、钝器		铁棍总长25厘米以上的
	球棒、木棍等木质棍状物品		长50厘米以上、直径6厘米以上的
含有易燃物质的生活物品	白酒(60度以上)	不得超过2公斤(含)	包装完好的
	摩丝、发胶、花露水、防晒喷雾、染发剂、冷烫精、指甲油、光亮剂、衣领净、女性防狼器材	单品超过700毫升的(含)	女性防狼器材限带1件,其他物品累计携带不得超过1000毫升或1公斤(含)
	香水	单品超过500毫升的(含)	物品带有易燃标识的
	卫生杀虫剂、空气清新剂	单品超过700毫升的(含)	
	打火机	不得超过5支(含)	可充有可燃气体或燃料油
	安全火柴	不得超过20小盒(含)	

三、安检方法

1. 安检机

安检机(见图3-3)全称为微剂量X射线安全检查设备,也称查危仪,主要由主机和操作台组成,包括X射线发生器、X射线探测器、图像处理系统。安检机能够发射X射线,X射线波长比可见光短,具有较强的固体、液体穿透能力,甚至能够穿透一定厚度的钢板。当X射线穿过物品时,不同物质组成、不同密度和不同厚度的物品内部结构能够不同程度地吸收 X 射线,密度、厚度越大,吸收射线越多;密度、厚度越小,吸收射线越少,所以,从物品透射出来的射线强度经过图像处理重建就能够反映出物品内部结构信息。

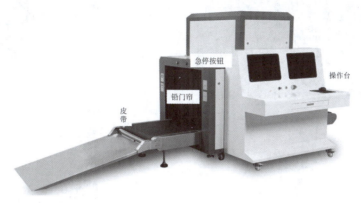

图 3-3 安检机

见图 3-4,将行李放置在传送带上,利用电动滚筒带动使行李进入通道,到某一位置时,挡住光障,光障发出一个检测信号给控制板,控制板向工控机发出信号,由工控机发信号给 X 射线设备把 X 射线打开,X 射线束穿透传送带上的行李,由 L 型阵列探测器吸收,探测器把接收到的 X 射线变为电信号,这些很弱的电流信号被直接量化,通过数据传输系统传送到工控机做进一步处理,经过复杂的运算和成像处理后得到高质量的图像。如图 3-5 所示为手枪的安检机成像图,安检机发出的 X 射线方向、角度固定,当物体与 X 射线相遇时的角度、距离存在差异时,得到的图像就不同,当图像难以识别但又存在安全疑问时可重新放置后再次检查。安检机能够根据有机物、无机物、混合物所对应的有效原子量对图像进行着色,形成伪彩色图像,橙色、蓝色、绿色分别表示有机物、无机物、混合物,可以根据图像物体轮廓结合色彩来判断是否可能为违禁物。

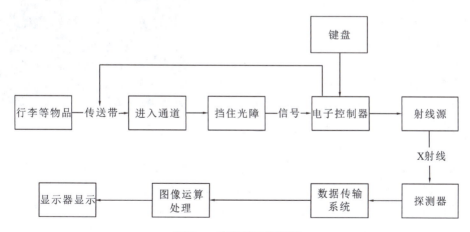

图 3-4 安检机工作原理

X 射线具有放射性,但安检机的 X 射线辐射剂量对乘客和安检人员来说都非常安全,因为一次医院 X 光胸透检查的辐射剂量约为 50 μGy,按此推算,要在贴近行李 X 射线安检仪

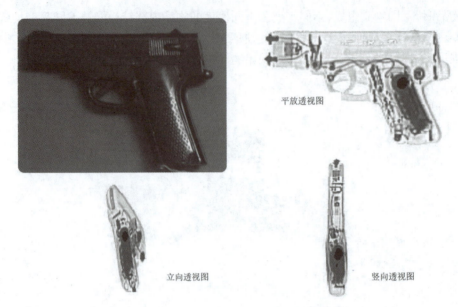

图 3-5　手枪的各角度安检机成像图

5厘米处停留50个小时,才相当于一次医疗X光胸透。X射线是从通道内部发射、内部吸收的,机器周围的辐射非常微弱,即便全职操作人员也可以无需防护,安全工作。但是安检工作中应当注意,遇到孕妇或声称安装了心脏起搏器的乘客进行安检时,应根据其本人要求按照常规安检方法或采取徒手探与直观查相结合的方式实施安检。

2. 手持式便携安检仪

手持式安检仪(见图3-6)通过线圈通电形成磁场检测金属,当乘客携带金属物体经过手持安检仪的平衡磁场范围内就会触发报警。手持式安检仪稳定性好,针对铁质物体反应异常灵敏,但对铁以外的物质没有感应。

3. 液体检测仪

液体检测仪(见图3-7)是一款专门用于探测易燃、易爆危险液体的安检仪器。目前我国地铁应用最为广泛的是 quasistatic electrical tomography,即"准静态计算机断层扫描技术"。它通过测定待测液体的介电常数和电导率,来判

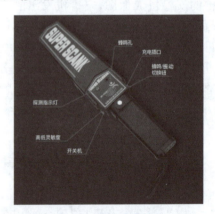

图 3-6　手持式安检仪

断该液体是否具有易燃易爆性。安全液体和危险液体的介电常数和电导率相差较大。由于这项技术可以评测出一种媒介电子特性的空间分布,所以无论容器的材质如何都可以判断出液体的性质。并且在该设备和容器之间允许保留气隙,因此能够在不直接接触液体的情况下将液体炸药、汽油、丙酮、乙醇等易燃易爆液体与水、可乐、牛奶、果汁等安全液体区分开。同时该设备完全是电子的,不含有任何放射性和微波材质以及其他有潜在危险性的成分。

液体检测仪分为台式和手持型,手持型更为便捷,不需要任何调整和准备工作,操作非

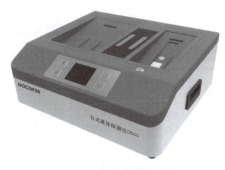

图 3-7 危险液体检测仪

常简单。手持设备将感应器靠近需要检测的容器,保持低于液体表面按下按钮检测,指示灯显示绿色为安全,显示红色则容器内液体属于危险品。

4. 爆炸物毒品检测仪

爆炸物毒品检测仪基于离子迁移谱(IMS)原理,可以快速、准确地判断痕量爆炸物与毒品的存在,并分析出爆炸物与毒品的种类,其外观见图 3-8。

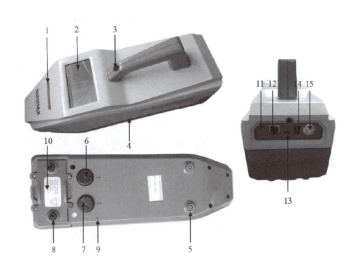

1. 采样纸插槽
2. 液晶显示屏
3. 辅助按钮
4. 散热孔
5. 仪器胶垫
6. 净化管 1
7. 净化管 2
8. 仪器胶垫
9. 进气孔
10. 锂离子电池
11. 复位按键
12. RJ45 接口
13. USB 接口
14. 电源接口
15. 电源开关

图 3-8 便携式爆炸物毒品检测仪

图 3-9 是 IMS 的原理示意图,采集样品送入检测仪后,解析器把采集到的试样加热,使其变成蒸气,这些目标物微粒便可从吸附的物体上解析出来,随着进样气流进入 IMS 工作区域,从而被 IMS 的离化源电离,形成具有特定迁移率的离子或离子群。当电离区后的控制门栅打开,带有负电荷的爆炸物离子或正电荷的毒品离子进入漂移区,这些离子在漂移区均匀电场的作用下聚集起来,并向接收极发生迁移(通常在 10～20 毫秒)。由于形成的各种离子大小和结构均不相同,它们的迁移速度(离子迁移率)也各不相同,选择性极强的 IMS 检测仪便可根据离子迁移率甄辨原物质的属性,整个分析过程只需 2～10 秒。

便携式爆炸物毒品检测仪可检测的爆炸物包括 TNT、DNT、硝化甘油(NG)、黑火药(BP)、硝酸铵(AN)等;可检测的毒品包括可卡因(COC)、海洛因(HER)、冰毒(MET)、摇头丸(MDMA/MDA)、K 粉/氯胺酮(KET)、吗啡(MOP)、杜冷丁(DOL)、摇脚丸(LSD)等。

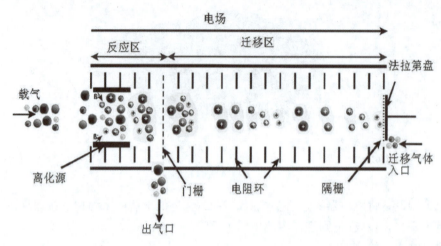

图 3-9　IMS 原理示意图

便携式爆炸物毒品检测仪检测速度快、精度高、方法简单，只需要使用特制采样纸擦拭可疑物品或可疑物品污染过的物体表面，比如爆炸物、毒品的挥发蒸气和颗粒落到衣服、行李、皮肤、器皿、纸张等物品上，只要用采样纸擦拭这些物品表面即可采集到相应化学物品的微量粒子；将采样纸放入仪器即可很快获得检测结果。

四、安检工作制度

1. 岗位负责制

1) 安检总体工作要求

安检人员值检时应统一着制式服装，佩戴安检岗位标识；做好通道式安检机等安检设备的开机调试及安检物品摆放，确认设备工作正常；按照有关管理制度、操作规程、勤务方案等作业，不得从事与安检无关的活动；遵守分公司各项管理制度，服从车站工作安排，配合车站做好应急处理、演练等工作。

对安检过程中知悉的乘客个人隐私予以保密。

2) 引导员岗位职责

组织乘客有序进站、接受安全检查，协助乘客将被检物品放置在传送带上；同时观察受检人的神态、动作；遇有可疑情况，示意值机员实施重点检查；做到及时、准确地发现可疑人员、可疑物品。

提醒乘客主动、提前拿出液体物品，接受检查；提醒乘客要及时取走各自物品，防止误拿、错拿、漏拿。

劝阻携带宠物、超限物品及骑行电动载具（残疾人电动轮椅除外）的乘客进站；遇特殊群体，包括孕妇等乘客提醒手检员进行手检。

遇有较大客流时，引导员根据值班站长安排，控制乘客进站速度。

3) 值机员岗位职责

对通道式安检仪监视器上受检行李图像进行辨别，将需要开箱（包）检查的行李及重点检查部位通知手检员。熟练掌握各类禁带物品的图像，识别易燃、易爆等危险品的外部特征，及时准确观察、识别可疑物。如发现可疑物品，需要开箱（包）检查时，应及时告知手检员,并简要描述重点检查的物品名称、所在箱包的大概部位。

负责按要求填写"违禁品交接登记簿";记录检查过程中发现的问题,及时汇报。

负责开关机及安检仪、显示器、键盘、手持金属探测器、反恐装备等的保管。

4)手检员岗位职责

对携带体积大于通道式安检仪检测通道物品的、易碎物品的(例如:玻璃器皿、工艺品)、易损物品的(食品、药品、电脑)、金属工具及尖锐类等不宜机检等物品的乘客,及时进行手检。对存在疑点的、认为需进一步检查的物品,应要求乘客自行开包后进行复检。遇特殊群体携带箱包的,包括残障人士、孕妇等行动不便的乘客,主动进行手检。

乘客声明不宜公开检查的物品,应当征得其同意后,单独实施检查。

检查中发现可疑物品,应及时报给安检班长。

2. 按程序安检

1)做好全员安检宣传

宣传、引导、提示所有乘客进入安检区域接受安检。候检乘客较多时,由引导员告知乘客有序排队进入安检区域,防止安检秩序混乱和漏查漏检情况发生。引导员引导乘客有序进入安检区域,将随身行李、物品放入通道式安检机进行安检。

2)做好物品、人身和其他情况安检

如遇公共卫生安全事件首先做好公共卫生安全检查。

做好物品安检。由引导员在安检仪输送带前端,督促所有进站人员将随身携带的包裹物品放置在安检仪输送带上受检(遇进站人员提出受检包裹物品名贵时,引导员提供贵重物品放置筐给乘客使用,将乘客携带物品放入筐内过机检查)。由值机员负责,对放置在安检仪输送带上的包裹物品一件不漏地通过X光检测仪进行检查。发现疑似禁带物品,视情况开包检查。

做好乘客人身安检。视临检状态或其他需要,对乘客进行人身安检,由手检员负责(女性乘客由女性安检员负责),持金属探测仪进行身检。身检一般采用先前部、后两侧、再背部,由上至下的方式进行。探测仪报警提示的,必须提示受检人主动出示贴身物品受检。

对值机员指认的可能装有(藏匿)禁带物品的包裹,由手检员负责开包检查或使用相关仪器、设备等进行检测。非特殊情况,检查时,由携带人打开包裹受检。

凡检查发现限制携带物品的,告知持有人主动放弃,或劝阻其乘坐轨道交通;凡检查发现携带违禁物品的,一律按规定处理。

3)安检特殊情况的处理办法

乘客经过安检进入后,因其他原因离开再次进入乘车时,应当重新进行安检。

乘客申明所携带物品不宜公开检查的,应当根据实际情况,在适当场所检查。

按照国家有关规定应当免检的,按有关规定办理。

经通道式安检机及其他安检设备检查时,发现有疑似利器、爆炸物、枪或弹状物等危险物品的,必须在执勤民警指导和监督下进行复检。

3. 安检服务礼仪

1)仪容仪表礼仪

上班时间均应按规定着装,非上班时间原则上不着工作制服;按规定佩戴胸标、工号牌、背标、制服软帽;着装保持整洁,不缺扣、不立领、不挽袖挽裤;穿着工作制服的员工,在乘客服务区内的一切行为举止均按上岗时的规定执行。

女性安检员头发长度超过肩膀时将头发扎起并佩戴软帽,头发不染夸张颜色;男性安检员不留长发、大鬓角、胡须和剃光头,不染发。

2)行为举止礼仪

在岗时要精神饱满,行为端正,举止大方;不得当乘客面剪指甲、挖耳朵、打哈欠及伸懒腰等;员工着制服,不得在公共区有勾肩搭背、挽手等行为。

在岗时应遵章守纪、作业标准;在岗期间不聚众聊天、看书看报、打电话、上网玩游戏等做与岗位工作无关的事。

回答乘客问询时耐心有礼、面带微笑,认真回答;对自己无法回答的询问或是涉及车站服务、票务类等问题,应引导乘客至客服中心进行咨询,不得误导乘客。

对违反相关规定的乘客应耐心解释和劝导,用词委婉温和,不得对乘客有大声呵斥、推、拉、扯、拽等行为。

3)安检用语礼仪

遵循服务语言通用规范,使用普通话进行乘客服务(乘客提问时使用方言或外语的除外);使用十字文明用语:"您好、请、谢谢、对不起、再见";根据乘客的不同身份使用恰当的称呼,如"先生、女士、同志"等,不得使用"喂、嘿、那位"等不礼貌用语称呼乘客;随时做好乘客解释工作,宣传安全乘车法律规范。

4. 登记制度

1)交接班登记

安检工作交接时,安检现场负责人应组织填写安检交接班记录,与接班负责人当面交接工作,并在接班人员完成岗位接替后方可离岗。安检工作结束时,安检现场负责人应组织关闭安检设备,在清点、清洁后安全存放,并做好当日安检数据统计和物品处理工作。

交接班应当如实填写交接班登记表,记录交接班时间、设备状况、交接物品详情等。

2)违禁超限物品登记

安检工作中发现违禁物品应采取应急措施先期处置,并立即报告公安机关。发现进站乘车人员携带限带物品的,应当劝其自弃后乘坐轨道交通工具;对不愿自弃的,安检人员有权拒绝其进站乘车。发现违禁、超限品收缴时应当填写收缴单,样式见图3-10。

_____车站禁止携带物品收缴单

编号:yyyy-mm-num

乘客姓名	性别	身份证号	联系电话

品名	件数	物品特征	家庭住址

因携带禁止物品乘坐列车,依据相关规定,对上述物品予以收缴处理。

当事人(签名)_____ 经办人:_____

年 月 日

图3-10 地铁车站禁止携带物品收缴单

五、现代安检新趋势

1. 安检困境

随着城市人口聚集加剧,安检越来越成为新的车站客流堵点,标准安检一般需要 15 秒,这对大城市几乎难以忍受,提升安检效率对提高城市轨道运输效率非常重要。与之相对的是,每个车站都需要配备安检设备与安检员,2019 年广州市安检业务招标预算 26.7 亿元,855 个安检点含员工费用年均花费超百万,高昂的代价也难以获得公众的支持,越来越多的人对安检的投资收益、服务体验开展思考和讨论。提高安检效率是城市轨道交通运营管理中的痛点。

2. 分类安检

1)北京模式

北京客流高峰时段启用的快速通道,允许未携带随身物品和携带超小手包的乘客免检进站,其依据的是管制刀具、枪支弹药等危险品需要一定尺寸的容器储存,这将大大提高车站的乘客流动效率,避免高峰期延长,在提高车站通过效率时也能较大减少乘客拥挤压力和冲突。

2)基于信用体系模式

该模式主要利用人脸识别技术识别乘客身份,设置免检信用名单,对符合要求的乘客免于安全检查,目前该模式已开始投入线下使用。

> **拓展阅读**
>
> **解读《北京市轨道交通运营安全条例》**
>
> 一、《北京市轨道交通运营安全条例》(以下简称《条例》)立法背景
>
> 北京市虽然是全国率先进行轨道交通安全领域法治体系建设的省市,但是近年来轨道交通安全运营的内涵和外延都发生较大变化,对运营安全监管与服务、设备设施安全与保护、乘客权益保障等方面都提出了新的要求。
>
> 首先,轨道交通高速发展,一是轨道交通网络覆盖率进一步提高,北京地铁运营线路基本覆盖重要功能区、大型居住区、郊区新城等区域,网络化运营格局初步形成,市民出行半径有效扩展。二是轨道交通方式将进一步丰富,到 2020 年北京市轨道交通规划里程将达到 1050 公里,在传统地铁、轻轨基础上,磁悬浮、有轨电车、单轨电车等轨道交通方式也将逐步建设,市民出行方式进一步丰富。三是在公共交通中的骨干作用进一步发挥,北京地铁日均客运量及客运总量均呈增长趋势,在公共交通中分担率上升至 42%,并提升公共交通出行比例至 48%,成为市民出行首选。四是城市布局引领作用进一步加强,大力发展轨道交通,改善出行结构、集约利用交通资源、缓解城市交通拥堵的同时,促使城市布局更加趋向合理,提升了人民群众生活品质、提高了政府基本公共服务水平,惠及民生。

其次,随着高速发展,轨道交通安全运营管控需求发生了变化。一是单线运营转向网络化运营,需要完善网络化安全管控制度。轨道交通网络化格局的形成,使轨道交通安全管理的内涵、外延发生变化,立法需要从单线运营管理的制度设计,转向网络化安全运营管理的整体制度设计,如网络化设备检测认证制度、运营组织统筹协调制度、应急处置联动制度等。二是运营安全风险的管控需要适度向源头延伸,体现预防为主的管理方针。由于建设进程加快,规划、设计、建设前期遗留问题影响运营安全事例逐渐增多;规划、设计由于缺少运营经验,对运营安全现实需求考虑不周的情况也时有发生,需要将安全风险防范关口前移,科学设计运营提前介入制度,将运营安全专篇审核制度、设备设施招标管控制度、试运行时间保障制度、建设转运营的验收评审制度等行之有效的做法以法规的形式加以固化。三是运营环境日趋复杂,需要解决地下空间行政管理缺位的问题。轨道交通环境密闭、空间狭小,每天近千万人次的客流在地下穿行,乞讨卖艺影响秩序的行为,派发广告影响环境的行为,摆摊设点堵塞疏散通道的行为,携带违禁品乘车影响治安安全的行为,甚至违法犯罪行为,均有发生,需要立法规范"地下城市"运转秩序,建立权责清晰的管理体系,如设定禁止行为,厘清行政管理职责,划定行政管理界限等。四是轨道交通涉及群体庞大,需要社会公众的广泛参与。轨道交通安全"人人有责",只靠政府、企业的力量显然不足,需要社会公众自觉遵守安全规范,自觉约束自身行为,自觉提升安全参与意识,自觉提高安全乘坐观念,培养自救互救能力,主动实施社会监督,积极举报危害行为,打造安全乘车社会文化。需要立法建立公众乘车有序的行为规范,明确乘客参加应急演练的社会义务,完善运营服务社会评价制度等。

再有就是,北京10年来也打下了坚实的法规和管理实践基础。一是有规章实践基础,北京市制定了全国第一部轨道交通安全运营的地方政府规章,经过2次修订,在运营企业主体责任承担、安全检查制度探索等方面积累了有益经验。二是有市政府文件支撑,北京市政府办公厅先后印发《关于进一步加强城市轨道交通控制保护区安全管理工作的指导意见》《关于在轨道交通建设阶段加强运营安全风险控制的意见》和《进一步加强轨道交通运营安全工作方案的通知》等文件,这些文件中行之有效的各项制度,需要上升到法规的层面予以认定。三是有标准规范实施的探索,北京市交通委员会制定了路网运营、设施养护等10余部地方标准和设备设施验收、试运营综合评审、运营服务评价、突发事件信息发布等40余个规范性文件,将政府规章的顶层制度设计落到了实处,为《条例》未来的实际操作打下坚实基础。四是有法律制度评估找出的问题,政府规章随着时间的推移在立法理念、立法层级、制度设计、措施手段、贯彻实施方面显现出了一定的不足。法律责任不完备,使管理制度难以有效落实;执法主体不明确,使制度落地缺乏有力抓手;管理体制机制不完善,使公众合法权益保障缺乏明晰高效的办法和途径,需要通过法规进一步规范。

二、《条例》结合北京市的实际情况进行制度设计

《条例》以"安全"为核心,规范各方主体的行为,齐心协力保安全。

一是立法以运营安全为切入点,适当延伸至立项、规划、设计、建设等前期阶段,提升运营商在前期对运营安全需求的话语权。重点规范规划、设计不符合运营安全需求,设备设施选型不符合网络化需求,建设转运营验收评审程序不畅等直接影响运营安全的行为。

二是立法以安全服务为出发点,抓住为乘客提供安全乘车服务这个重点。设备设施上重点规范安全隐患消除、保护区施工作业、出入口联通建设、改扩建工程安全防护等关键行为,为安全服务提供"硬件"方面的保障。服务管理上重点规范从业人员业务素质提升、重点人才提前储备、运营信息准确提供、安全风险动态评价、应急处置迅速有序等关键行为,为安全服务提供"软件"方面的保障。

三是立法以权利义务体系为支撑点,明确政府部门监督管理职责,产权单位资产保护职责,运营单位运营安全主体职责,乘客安全乘车义务,社会公众安全参与义务,供水、供电、通信等单位优先保障义务,大众媒体教育宣传义务,重点规范各方主体依法履行权利义务的行为。

三、《条例》落实"以民为本、立法为民"的立法理念

《条例》确立了各方主体的权利义务,有权利必然有义务,这个是法律公平性的一个体现。但无论是授予权利、赋予义务还是树立行为准则,无论是规范乘客、规范政府还是规范企业,最终的落脚点都是保障社会公众安全乘车的合法权益,保证乘客人身、财产安全。

一是全面保障社会公众合法权益,尤其是乘客合法权益。《条例》紧紧围绕影响乘客安全乘车的因素进行制度设计,兼顾普通乘客与特殊群体的乘车要求,以法律保障建设符合实际需求、运营组织有序、设备设施稳定、安全检查有效、应急处置高效、行政处罚适当,切实维护社会公众合法权益。

二是重点保护企业合法权益,尤其是运营单位合法权益。《条例》本着向公众提供更加安全便捷的运营服务的立法理念,授予运营单位与建设单位共同起草协商确定招标文件权、赋予对安全保护区施工作业单位提出审查意见权、给予设备设施安全巡查权,以及确定特定情形下的制止、报告、劝离、拒绝提供服务权,切实维护运营企业合法权益。使运营企业有能力,有可能提供安全运营的环境,本质仍是维护社会公众合法权益。

三是确定政府职责权限,尤其是明确交通部门的行为准则。《条例》以厘清各方职权、建立责任体系为切入点,明确市及区县人民政府、交通部门、公安机关等各单位职责,明晰交通与城管执法、交通与公安机关职权界限,设定对滥用职权、玩忽职守、徇私舞弊行为的问责,严格要求政府依法履职,以维护社会公众合法权益。

任务 2　客流引导

学习目标

1. 知识目标:
- 了解车站客流引导管理规定;

- 了解车站客流引导标识;
- 了解车站客流冲突关键地点和应对方法。

2. 技能目标:
- 掌握车站各关键点客流引导方法;
- 掌握各关键点客流引导操作要点;
- 能够正确使用铁马引导客流。

3. 素质目标:
- 养成客流观察总结习惯;
- 冷静自持,坚守岗位职责;
- 抗压,灵活应对不同客流情况。

发布任务

选择工作日上下班高峰期(上午 7:40—9:00、下午 4:30—7:30)或节假日客流高峰期乘坐地铁并观察不少于 3 个地铁车站的客流——一个客流量大的车站(如火车站)、一个换乘车站、一个毗邻商超或城市中心的车站,观察进出站客流集中、分散和客流行进冲突的区域,观察车站客流引导标识与客流特征的关系。

落实任务

(1)总结下列关键地点客流速度、密度、交叉冲突等规律及产生原因:

①车站出入口:

②售票点:

③安检处:

④闸机出入口:

⑤电梯:

⑥屏蔽门:

⑦换乘通道:

⑧其他客流异常点位：

(2)针对下述客流不畅现象制定改善对策：

①进出站通道客流量大，进、出方向速度和通过客流大小不一致，断面客流小的方向上前进速度慢。

改善对策：

②安检排长队，闸机处无人排队。

改善对策：

③进站区客流速度降低明显，客流前进方向不清晰。

改善对策：_____

④出站台电梯客流聚集。

改善对策：_____

(3)铁马的使用方法(至少3个)。

序号	使用位置	使用方法和目标
1		
2		
3		
4		
5		

(4)观察预计可能出现客流拥堵的地点，提出缓解拥堵、保证车站客流均衡、使站厅站台

检票区客流不超限的方法,创造性使用高科技,减少人力管理工作量。

序号	可能拥堵的位置	缓解拥堵的方法
1		
2		
3		
4		
5		

(5)回答下述问题:

①车站什么时候会出现拥堵?用哪些方法可以获得答案?

②车站拥堵地点最先出现在哪里?所有车站都一样吗?为什么?

③重新阅读第(2)题第③小题,分析为什么乘客前进方向不清晰。回忆自己的乘车经历,是否经常出现类似情形?

(6) 阐述客流预测与客流引导之间的关系：

a. _____

b. _____

c. _____

拓展任务

搜集不少于 3 篇有关车站客流引导的科技论文，总结文献研究取得的结论。

评价反馈

评分项目	分值	自我评价得分	教师评价得分
工作页已完成（全部完成10分，其余0分）	10		
了解车站客流引导管理规定	10		
了解车站客流引导与客流预测的关系	10		
掌握车站客流引导方法	10		
掌握铁马的使用方法	10		
总分			

知识要点

一、车站通行能力概述

1. 车站承载能力

车站作为有限空间，所能容纳的乘客数量是有限的，特别是当乘客数量达到车站乘客容纳能力的一定比例时，比如达到大客流标准时，乘客流动的速度将受影响、服务水平下降、安全风险提高，严重时通行瘫痪。因此，一些研究中提出车站承载能力概念，指车站在确定的运营条件（相对稳定的设备设施、运营管理状态）下，基于行人交通特性及行为特性，能稳定运行的车站所能承载最大乘客数，可以用单位时间内承载行人流输入量（进站量＋下车量）

的最大值来表示。车站承载能力是车站的固有能力,是车站空间、设备、列车运行规划、运营管理条件综合作用得到的,是已经进站和下车但尚未出站乘客的最大总和,不随时间变化。

2. 影响车站承载能力的因素

当车站条件发生变化时,有可能改变车站的承载能力,在车站客流不变的情况下,客流通过车站的密度、速度、舒适度将发生改变,这是改善车站服务水平的重要方法。

车站基础设施设备配置影响车站承载能力。比如增加安检机和进出站闸机数量就能够提高进出站关键点的通过效率,在客流量大、出现排队的情况时可有效缓解"瓶颈效应"。相关研究表明,车站内存在瓶颈效应的关键点还有楼梯与站台连接处、站台。车站设备设置布置形成的空间拓扑结构也会影响车站承载能力,比如站厅区域因闸机设置位置影响,进出站乘客前进路线大量交叉,将极大影响乘客通过速度,造成乘客滞留时间延长,导致车站单位时间容纳乘客总量减少。此外,车站通过可移动设备(如铁马)组织乘客流线,有效减少进出站乘客前进路线交叉时,能够提高车站承载能力。

运输组织影响车站承载能力。列车运行计划影响车站发车间隔和停站时间,从而影响从本站出站的乘客数量。发车间隔时间长会增加进站乘客候车时间,发车间隔时间过短则会导致上下车乘客数量减少,增加乘客滞留时间。停站时间长短影响乘客上下车数量,从而影响乘客滞留时间。列车的编组数量、定员数、车门宽度、车门数量、满载率也会影响车站承载能力。编组数和定员数越大,单次列车能够载运行人数就越多;列车车门的宽度越大、数量越多,单位时间内上下车乘客数量越大,车站乘客滞留时间越短,则承载能力越大。车站客流组织影响车站客流流线和走行时间长度,大客流条件下利用可移动设备减少乘客流线交叉、限制进站乘客速度等客流组织方法都会影响车站承载能力。

车站客流需求影响车站承载能力。车站乘客目的地明确,不受乘车环境影响,因此对车站来说,同一时段的乘客数量、乘客前进方向是稳定的,进站、出站、换乘需求稳定,车站乘客总量、乘客分布及其前进流线交叉影响着车站承载能力。

行人交通特性及行为特性影响车站承载能力。行人交通特性一般表现为交通流特性,即行人流量 Q、速度 V 及密度 K 之间存在公式(1)的关系,客流速度、密度、客流量之间互相影响制约。以客流速度为例,同样的设备设施条件下的客流速度很大程度上取决于行人密度,在行人密度大的通道内体现最为明显。行人交通行为特性指的是行人个性化的行走、候车、换乘行为,其造成车站站厅走行区、设施设备、站台各个区域的客流密度不均匀,影响车站承载能力。

$$Q = KV \tag{1}$$

3. 车站内部通行能力

车站承载能力受多种因素综合影响,描述的是车站在一定条件下能够容纳的乘客总量,不包括乘客最关心的客流状态细节,比如客流速度、客流密度、空间内乘客分布的稀疏情况等。乘客需要安全、高效、舒适的乘车环境,偏好行走速度不受限制、乘客之间不拥挤的通行状态。可以用通行能力来描述车站内部各地点在单位时间内能够通过的行人数量,通行能力可有效描述乘客在车站内部各明确位置的通过状态。表3-2列出了部分设施的最大通行能力。

表 3-2　车站不同位置最大通行能力

位置		每小时通过人数
1 m 宽楼梯	上行	4200
	下行	3700
	双向通行	3200
1 m 宽自动扶梯	输送速度 0.5 m/s	6720
	输送速度 0.65 m/s	≤8190
人工售票机		1200
自动售票机		300
自动检票机	门扉式	1800
	三杆式	1500

当实际需要通过的人数大于设施最大通行能力的时候,乘客滞留时间延长。乘客通行流线中各类设施通行能力不同导致站内乘客空间分布不均匀,车站通行能力将由通行能力最小的设施决定。客流拥堵加剧了乘客交叉冲突和拥挤排队,使站内运营安全风险提高。为了提高车站的通行能力、保障车站服务水平,车站运营管理工作应根据站内乘客分布、客流状态及时消除瓶颈,使车站承载能力不受客流影响而降低,保持一定的服务水平。车站服务能力分级见表 3-3。

表 3-3　车站服务能力分级

等级	乘客通行状态描述
A	行人按照希望的走行路径走行,可自由选择速度,不受其他行人干扰
B	行人有自由选择速度的空间,可超越他人。此时,行人的选择与走行开始受到其他人的影响
C	行人有足够的空间采用正常步速,可在原来路径上绕行他人,可反向、穿插行走。此时,行人人均空间和流速减小,产生轻微冲突
D	行人选择步行速度和绕行他人受到限制,穿越反向人流冲突概率很大,需经常改变速度和位置。行人形成了固定流速的人流,行人之间会发生互相接触和干扰
E	所有行人步速受到限制,需要频繁调整步速,行人空间小,不能超越慢行者,只能一步一步往前蹭。行人变换方向和绕行十分困难,行人的流量接近人行通道通行能力并伴有拥堵和走行中断
F	行人行动受限,只能挪动,与其他人频繁地碰撞,无法转换方向,更无法绕行。行人流突变、不稳定,行人流具有行人排队的特点

二、车站客流规律

1. 客流线与客流引导策略

车站客流线是乘客在车站按照一定 OD 目标形成的有方向的运行轨迹,分为进站客流线、出站客流线和换乘客流线。

在双向进出单一通道(进出站通道、楼梯,进出站台通道、楼梯,换乘通道)中客流线会发生相遇,在客流量较大时行人轨迹交叉会快速增多,原因是速度快的行人可选择的超越空间较少。当一方客流明显大于另一方时,乘客数量少的一方通行速度将显著降低,当进出交流停止时,车站承载能力下降,安全性、服务水平降低,管理难度增大,所以,车站应在这种情况出现前实施客流引导。

在设备控制的通道收窄区域(安检、闸机、站厅与站台间的电梯和楼梯),客流从较大范围集中而来,随着数量增大出现排队、拥挤,形成瓶颈效应,严重时,无序的客流拥挤扩散将影响其他方向乘客的流动。

在客流线交叉区域(站厅),客流量越大,乘客交叉冲突越多,需要做好客流引导,防范安全事件。

总的来说,车站客流服务水平应维持在 C 级以上,任何地点的服务水平降低到 D 级时必须开始实施客流引导控制,减少客流冲突、消除客流瓶颈。

车站客流线如图 3-11 所示。

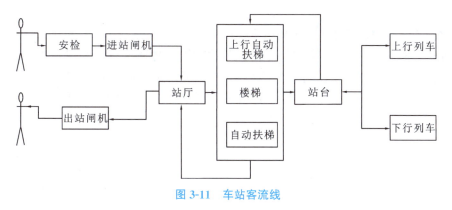

图 3-11　车站客流线

2. 客流时间分布与客流引导策略

车站客流量一般有明显的时间规律,工作日早晚上下班高峰期客流量大,节假日客流分布相对平缓。根据历史客流时间分布规律统计可以得到客流量—时间—服务水平之间的关系,提前做好客流引导计划、布置客流引导设施。

3. 客流空间分布与客流引导策略

车站作为有限空间,所能容纳的乘客数量是有限的,更为重要的是,客流在车站空间内的分布是不均匀的,当客流量增大时,客流线上可能出现排队拥挤的点并非同时开始拥堵。一些车站因设计、车站周边土地性质、设备配置等原因,客流的空间拥堵分布十分不均匀。比如起始车站高峰期的拥堵一般出现在安检、单向候车站台,中间车站多数进站多、出站少,在城市 CBD 等核心地段则是出站电梯、出站通道拥堵,换乘车站特别是枢纽车站换乘通道拥挤度高进而引起站台、站厅区域客流线交叉冲突增多。

根据历史客流空间分布规律,车站运营管理人员可根据客流速度、交叉冲突观察在服务水平降至 C 级时实施客流引导策略。更加精准、科学的方法是根据历史客流空间分布数据建模,预测车站客流空间分布情况和实施客流拥堵点预警,车站运营管理人员提前做好客流引导计划、布置客流引导设施。

三、车站客流引导方法

1. 设置铁马分隔双向客流,保证进出通畅

双向通道必须保持通畅,尤其是出口通畅、先下后上、先出后进,出站乘客滞留的时间越长,车站承载能力下降越多,车站服务水平和安全水平越低,对车站运营管理形成巨大压力。可放置铁马将双向客流阻隔开,铁马一般根据拥堵情况决定设置长短,必要时与通道同长;无客流拥挤情况时收起,提高车站舒适性。

2. 人工或机械助力消除通行瓶颈

当站内显现瓶颈效应时,及时通过各种方法降低瓶颈影响。闸机处瓶颈可开放更多闸机(固定或便携式)、边门(人工检票),安检处可开放分类安检,自动售票机排队可开放人工售票窗口,站台至站厅扶梯设置铁马避免插队或人工引导乘客走楼梯。

3. 控制进站速度

在客流高峰到来时车站逐渐出现拥挤、滞留时间延长等现象,可通过控制乘客进站速度来缓解站台、站厅区域拥堵和冲突,具体手段包括降低安检速度、调低售票速度、降低闸机检票速度。

4. 加强设置导向标识或人工方向引导

客流量大时,乘客受客流裹挟容易丢失导向标识,或导向标识被客流遮挡,加剧客流冲突、影响客流通过速度,这在客流量大的枢纽车站表现较为明显。此时可在关键位置放置可移动导向指示灯加强方向引导,观察客流状态、及时做出指示,疏散客流堵点。

项目 4
组织节假日大客流

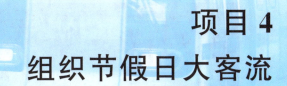

任务 1　大客流前准备

扫码查看
项目资源

学习目标

1.知识目标：
- 掌握大客流的分类；
- 掌握不同大客流的特点；
- 掌握大客流前票务组织应对措施。

2.技能目标：
- 站务员能够在大客流前进行车站出入口和通道检查,保证畅通；
- 设备维护人员能够在大客流前进行设备维护和检修；
- 车站客运处能够根据客流情况,做好票务计划；
- 站务员能够识别和使用客运设备。

3.素质目标：
- 遵守安全至上原则,防微杜渐；
- 坚守岗位职责,认真负责,不遗漏任何检查区域；
- 主动热情,耐心和乘客沟通。

发布任务

地铁车站发生可预见性大客流时,车站应合理安排人员,对客流做好疏导和组织工作,并会同地铁公安部门对客流进行控制。国庆假期前夕,某地铁站根据预测客流量,在车站进行大客流前期准备工作。

涉及岗位:站务员、值班员及以上岗位人员。

落实任务

(1)分析国庆节大客流特点,制订大客流方案。

①国庆节大客流特点：

特点1：_____

特点2：_____

特点 3：_____
特点 4：_____
特点 5：_____
②大客流方案。
例：某地铁站平时运营时间为 6：10—22：30，大客流期间调整为 5：10—23：30。
列举措施：
_____
_____
_____
_____
_____

(2)检查车站出入口和通道。

站务员巡视时需确保车站出入口通道通畅、无异物、无人员摆摊卖艺、卫生干净。请根据每个出入口的情况选择相应的措施。

a. 禁止在车站、站台、站厅、出入口、通道停放车辆、堆放杂物或者擅自摆摊设点堵塞通道的行为。应尽快劝离摆摊人员，确保大客流时通道畅通。

b. 立刻通知清洁人员过来将垃圾清理干净，确保地面干净整洁，不会影响乘客走行。

c. 劝说车主将车停放在规定的地方，如有车主不在现场，由执法人员粘贴"违法告知书"，告知车主在地铁进出口、通风口、站前广场的 15 米范围内不能乱停放，否则将处以罚款。

d. 告知该人员车站出入口通道处不能堆放物品，否则容易阻塞通道，造成客流拥挤，同时还容易发生火灾，并协助他清理物品。

e. 禁止影响轨道交通运营秩序的行为，不允许在地铁出入口或车站内推销、售卖产品或者服务。应尽快劝离发传单和推销产品的人员，保证出入口畅通。

出入口	情况	措施
1	1 号出入口台阶外面停放了多辆电动车、自行车等，阻碍乘客进入车站	
2	2 号出入口的楼梯上，一个小贩摆出手机贴膜的摊子。手机贴膜摊和旁边等候的顾客占用了近一半的楼梯，一旦遇到早晚高峰大客流，将造成一定影响	

续表

出入口	情况	措施
3	有人员在3号出入口处追着乘客发传单推销产品,影响乘客进出车站的速度	
4	捡废品人员将纸板、塑料瓶等堆放在4号出入口通道里,过往乘客需绕道	
5	在5号出入口通道内发现地上有香蕉皮等垃圾	

(3)维护和检修客运设备。

设备维护人员判断以下设备是否需要维护和检修,并说明原因。

设备	判断是否需要维护和检修(需要的打"√")	原因
自动扶梯		
直梯		
安全门/屏蔽门		
闸机		
自动售票机		
安检仪/安检门		
半自动售票机		

(4)合理安排岗位人员。

由车站站长或值班站长合理安排各岗位人员以及具体工作,并通知地铁公安协助车站维持秩序。

(5)票务计划。

①车站客运处需要根据客流情况,做好票务计划,请将以下选项填入正确的框内。

A. 售票亭的准备　　　　B. 预制票的制作　　　　C. 增加备用金

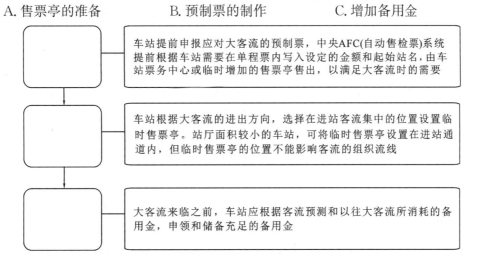

②计算票价。

以下是常州地铁1号线站点,根据票价规定"起步2元/5公里,晋级里程5、5、7、7、9,每晋级一个等级增加1元",计算两个站点之间的票价。

里程		南夏墅	阳湖路	武进沿江城际	科教城南	科教城北	延政大道	长虹路	新天地公园	湖塘	聚湖路	茶山	清凉寺	同济桥	文化宫	博爱路	常州火车站	翠竹	市民广场	奥体中心	河海	新区公园	环球港	外国语学校	北郊中学	常州北站	新桥	旅游学校	新龙	森林公园
0	森林公园																													
1.5	新龙																													
1.5	旅游学校																													
1.3	新桥																													
1.2	常州北站																													
1.1	北郊中学																													
0.95	外国语学校																													
1.8	环球港																													
1.7	新区公园																													
0.95	河海																													
1.1	奥体中心																													
1.2	市民广场																													
1.1	翠竹																													
1.0	常州火车站																													
0.75	博爱路																													
0.9	文化宫																													
0.8	同济桥																													
0.85	清凉寺																													
1.2	茶山																													
2	聚湖路																													
1.4	湖塘																													
1.1	新天地公园																													
0.77	长虹路																													
1.0	延政大道																													
1.0	科教城北																													
1.6	科教城南																													
1.6	武进沿江城际																													
1.6	阳湖路																													
1.5	南夏墅																													

(6)准备临时客运设备。

请正确填写以下工具的名称,如扩音器、隔离带、告示牌、对讲机、荧光指挥棒、强光应急灯、急救箱、铁马等。

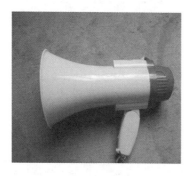

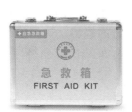
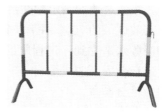

拓展任务

上网查找不同城市地铁站的大客流应急预案,进行归纳总结。

_____
_____
_____
_____

评价反馈

评分项目	分值	自我评价得分	教师评价得分
工作页已完成(全部完成10分,其余0分)	10		
掌握大客流的特点	10		
掌握大客流前进行车站出入口和通道检查的要领	10		
了解设备的维护和检修	10		
掌握大客流前票务组织应对措施	5		
掌握客运设备的识别和使用	5		
总分			

知识要点

一、大客流的分类

大客流是指车站在某一时段集中到达的客流量超过车站正常客运设施或客流组织措施所能承担的流量时的客流。按不同的分类方式,大客流可分为不同的种类。

1. 根据大客流产生的影响和后果分类

①一级大客流。一级大客流的判定标准:各车站根据本站的正常乘客数量进行比较,站台聚集人数达到或大于站台有效区域的80%,并且持续时间大于实际行车间隔时间。这种情况给乘客及轨道交通运营安全造成影响,存在明显的安全隐患。

②二级大客流。二级大客流的判定标准:各车站根据本站的正常乘客数量进行比较,站台聚集人数达到站台有效区域的70%,并有持续上升的趋势。这种情况下,乘客的正常出行和轨道交通所提供的服务水平受到一定程度的影响,车站比较拥挤,乘客感觉比较压抑,但尚未对乘客及轨道交通运营安全造成影响。

2. 按照客流的时效性分类

按照客流的时效性分类,大客流可分为可预见性大客流和突发性大客流。

3. 根据客流产生的原因分类

根据客流产生的原因分类,大客流可分为节假日大客流、暑期大客流、大型活动大客流和恶劣天气大客流。其中节假日、暑期和大型活动大客流为可预见性大客流。

二、大客流的特点

1. 工作日高峰期大客流特点

工作日上班族在早晚高峰期乘坐地铁时,地铁站会出现集中大客流。上班族客流主要用储值票乘坐地铁,所以客流的疏导主要在站厅入闸机处及站台候车区。工作日早高峰时段为 7:30—9:00,晚高峰时段为 17:00—19:30。

2. 节假日大客流特点

节假日大客流主要由购物休闲、旅游观光和返乡探亲等乘客构成,在国家法定的元旦、春节、清明节、劳动节、中秋节和国庆节假期内,会造成地铁各站客流较平时有大幅上升,购买单程票和初次乘坐地铁的乘客居多。

3. 暑期大客流特点

暑期大客流主要由购物休闲、旅游观光和放暑假的学生等乘客构成,每年 7、8 月地铁各站客流较平时有明显增加。大客流高峰时段一般集中在每日的 8:00—16:00。

4. 大型活动大客流特点

大型活动大客流的特点是在特定时间段(如大型活动结束后),客流会显著增加。大型活动一般都在周末举行,因此大客流发生的时间和规模大多可预见,且持续时间较短,影响范围有限,通常只对该活动地点附近的车站影响较大。大型活动大客流主要由购物休闲的乘客构成。

5. 恶劣天气大客流特点

恶劣天气大客流是指在出现酷暑、大雨、台风等恶劣天气时,地面交通受到较大影响,市民改乘地铁或进入地铁车站避雨,造成地铁车站客流明显增加。恶劣天气大客流会对车站客流组织带来一定困难。

任务 2　大客流方案实施

学习目标

1. 知识目标:
- 掌握客流控制的原则;
- 掌握客流控制的方法。

2. 技能目标:
- 站务员能够在重点客流控制点进行巡视,并及时警惕大客流的发生;
- 站务员能够利用客运工具进行客流引导、分流,避免引发客流混乱;
- 值班员及以上岗位人员能够判断客流控制级别,并采取相应客流控制方案;
- 站务员能够在大客流时进行正确的客流引导,并安抚乘客情绪。

3. 素质目标:
- 遵守安全至上原则,避免大客流产生的拥挤、踩踏等事故;

- 坚守岗位职责,认真负责,及时发现大客流问题并采取正确措施;
- 主动热情,耐心和乘客沟通。

发布任务

9月30日国庆节大客流已经来临,为确保乘客安全和客流有序,做好大客流处置的应对准备,科学防控,采取有效措施进行客流控制和疏导工作。

涉及岗位:站务员。

落实任务

(1)确定重点客流控制点。

区域	是否为重点客流控制点 (是的打"√")	备注
车站出入口		
安检区		
购票区		
进站闸机处		
站厅非付费区		
站厅付费区		
站厅与站台的楼梯口处		
站厅与站台的扶梯口处		
垂直电梯口		
站台区		

(2)大客流发生时,进行客流控制。

①第一种情况:

确定位置
☐站厅　☐站台　☐站外

观察客流
是否执行客流控制？☐是　☐否

判断客流控制级别
☐一级客流控制
☐二级客流控制
☐三级客流控制

采取措施

②第二种情况：

确定位置
□站厅　□站台　□站外

观察客流
是否执行客流控制？□是　□否

判断客流控制级别
□一级客流控制
□二级客流控制
□三级客流控制

采取措施

③第三种情况:

确定位置
□站厅　□站台　□站外

观察客流
是否执行客流控制?□是　□否

判断客流控制级别
□一级客流控制
□二级客流控制
□三级客流控制

采取措施

参考措施:
a. 做好乘客候车引导工作,均匀分布候乘人数。
b. 维持乘客排队秩序,尽可能留出下车通道。
c. 关注乘客上下车动态,防止乘客抢上抢下,确保乘客安全。
d. 注意做好站台门处所用伸缩栏杆或铁马的安全监护,避免其绊倒乘客、撞击站台门或卡入车门与站台门缝隙中。
e. 将扶梯全部设置为向站厅方向。
f. 在站厅的楼梯口、扶梯口控制乘客到站台。
g. 主动引导老弱病残孕等特殊乘客在爱心候车区上下车。
h. 关闭部分自动售票机。
i. 关闭部分进站闸机。
j. 在进站闸机处控制进入付费区的乘客。
k. 在出入口采取分批限量进站、只出不进或关闭出入口的措施。

(3) 处理大客流产生的问题。

序号	问题	利用工具	处理方法
1	车站内客流交叉问题		
2	乘客在站台无法上下车问题		
3	客流控制时间过长,乘客情绪不稳定		

拓展任务

利用课余时间在某个节假日来临前去地铁车站感受客流情况,并观察车站各岗位工作人员的工作内容以及对大客流的组织。

_____
_____
_____
_____

评价反馈

评分项目	分值	自我评价得分	教师评价得分
工作页已完成(全部完成10分,其余0分)	10		
掌握客流控制的原则和方法	5		
掌握重点客流控制点	5		
掌握大客流的引导、分流工作	10		
掌握客流控制级别的判断	10		
掌握大客流的控制措施	10		
总分			

知识要点

一、大客流控制原则

大客流的控制应遵循以下原则:

(1)按"由下至上、由内至外"的客流控制原则,在车站出入口、进站闸机、站厅与站台的楼梯和电扶梯处重点控制进站客流,组织乘客上车,保证客流均匀上下扶梯和尽快上下列车,保证站台候车的安全。

(2)明确客流控制组织机构分工的原则。客流控制组织机构可分为点控和线控。控制指挥中心负责地铁全线的客流控制,车站站长或值班站长负责本站的客流控制。

(3)坚持集中领导、统一指挥的原则。车站在实施大客流控制之前,须向行车调度员报告。

二、大客流组织措施

大客流往往是难以预测的,因此为了保证大客流发生时能安全疏散客流,各车站应根据本站具体情况建立切实可行的大客流控制预案,合理安排各岗位和地点的具体工作,迅速缓解车站压力,避免意外发生。

大客流的组织应在保证疏散客流安全的前提下,尽快地疏散客流。大客流组织的主要措施包括以下几点。

1. 增加列车运能

根据大客流的方向,在大客流发生时,利用就近的折返线、存车线组织列车运行方案,增加列车运输能力,从而保证大客流的疏散。增加列车的运能是大客流组织的关键。

2. 增加售、检票能力

售、检票能力是大客流疏散的主要障碍,因此车站在设置售、检票位置时应考虑提供疏散大客流的通道。在大客流疏散时,可事先做好票务服务及相关服务设备设施的准备工作。

具体工作如下:

①售、检票设备的准备。在大客流发生前,设备维护人员应事先对车站全部售、检票设备进行维护、检修,确保在大客流时售、检票设备能正常使用。

②车票和零钞的准备。车站应根据客流预测和以往大客流所消耗的车票及零钞数,在大客流发生前,向票务部门申领和储备充足的车票和零钞。

③临时售票亭的准备。车站应根据大客流的进出方向,选择在进站客流较集中的位置,设置临时售票亭。站厅面积较小的车站,可考虑将临时售票亭设置在进站客流较多的通道内。

④自动扶梯和垂直电梯的准备。车站应事先通知厂商对车站全部自动扶梯和垂直电梯进行维护、检修。重点检查自动扶梯的毛刷、梳齿板和扶手带,确保在大客流三级控制时,自动扶梯能正常开启转换。

⑤临时导向标志和隔离设备的准备。车站应储备一些临时导向标志、告示牌和铁马、伸缩铁围栏、隔离带等隔离设备,在大客流发生前,车站应根据大客流的进出方向和客流组织的要求,选择适当的位置张贴和摆放临时导向标志、告示牌和隔离带、伸缩铁围栏、铁马。

⑥其他客运设备设施的准备。大客流发生前,车站还应准备人工语音广播和语音合成广播词、乘客咨询系统发布信息及急救药品、担架等,并根据车站工作人员的情况,相应增加手提广播、对讲机等客运设备。

3. 客流控制

客流控制根据客流控制力度可分为单站客流控制、线网级客流联控,根据客流控制组织方式可分为常态化客流控制和突发客流控制。

1)单站客流控制

单站客流控制可分为一级客流控制、二级客流控制、三级客流控制。

a. 一级客流控制:为缓解站台客运压力、减慢客流到达站台速度,而在付费区采取措施控制进入站台乘客数量的客流组织行为,一般适用于站厅付费区或换乘通道付费区有足够空间开展客流控制时。

b. 二级客流控制:为缓解付费区客运压力、减慢客流进入付费区速度,而在非付费区采取措施控制进入付费区乘客数量的客流组织行为,一般适用于站厅非付费区有足够空间开展客流控制时。

c. 三级客流控制:为缓解站内客运压力、减慢客流进入车站速度,而在出入口外采取措施控制进站乘客数量的客流组织行为,一般适用于出入口外有足够空间开展客流控制时。

车站客流组织预案可结合本站各区域空间特点进行编制，某区域不具备客流控制开展条件时，可直接升级为更高客流控制级别。

2）线网级客流联控

线网级客流联控分为单线级客流控制、线网级客流控制。

单线级客流控制指重点站出现大客流或本线连续多个区段满载率偏高时，采取客流控制措施限制相关辅控站的进站乘客数量，通过合理均衡各站进站客流，以缓解重点站或高满载率区段客流压力的客流组织行为。

线网级客流控制指重点站出现大客流或本线连续多个区段满载率偏高时，通过组织本线及邻线辅控站采取客流控制措施限制进站乘客数量，以缓解重点站或高满载率区段客流压力的客流组织行为。

3）常态化客流控制和突发客流控制

a. 常态化客流控制指根据本站、本线或线网的客流规律，在固定时间内启动的客流控制。根据客流控制启动时间，分为工作日客流控制和节假日客流控制；根据客流组织级别分为常态化站级客流控制和常态化线网级客流联控，前一种由主控站启动站级客流控制，后一种需由本线及邻线辅控站同时配合主控站启动客流控制。

启动常态化客流控制的车站、客流控制级别和启动时间段在一定时期内基本是固定的，且实施前已通过各种宣传渠道对乘客进行告知，满足乘客知情权，乘客可根据客流控制信息调整出行计划；如客流规律发生变化，需调整启动车站、启动时间段、启动级别等，需执行信息对外发布程序后方可实施。

b. 突发客流控制指因车站、本线、线网突发大客流或发生应急情况启动的客流控制，车站需根据客流控制预案采取相应级别的客流控制措施，限制到达车站拥挤区域的乘客数量，客控级别根据客流情况逐步升级、减弱或取消。

一般而言，突发客流组织预案比常态化客流组织预案控制力度大，辅控站数量较常态化客流组织预案多，单位时间内进站客流值较常态化客流组织预案低。

突发客流控制一般在车站常态化客流控制宣传时间段以外的时间段启动或常态化客流控制时间段外界环境发生变化时启动，如因设备故障导致运输能力降低、进站或换乘客流远远超过常规预测客流时。

4. 临时疏导措施

在大客流组织中，临时合理的疏导是一项很重要的组织措施。临时疏导措施主要包括车站出入口、站厅层的疏导，电动扶梯以及站台层的疏导。车站出入口、站厅层的疏导主要根据临时售检票位置的设置，引导、限制客流的方向。临时售检票位置宜设置在站外或站厅层较空旷的位置，应为排队购票的乘客留出充分的空间，确保通道的畅通，维护出入口、站厅客流的秩序。电动扶梯以及站台层的疏导主要是为了尽量保证客流均匀上下扶梯和尽快上下列车，保证站台候车的安全。站务员应在靠近楼梯、扶梯处站岗并分散在站台前、中、后部疏导乘客，采取的疏导措施主要有设置临时导向标志、设置警戒绳或隔离栏杆、采用人工引导及通过广播宣传引导等。

5. 关闭出入口或进行分流

大客流往往是难以预测的，因此，为了保证大客流发生时疏散客流的安全，在难以采用有效措施及时疏散客流时,可采取关闭出入口或在部分出入口限制乘客进入车站的措施来阻止一部分客流或延长客流疏散时间。

拓展阅读

成都地铁延长运营时间,全力保障国庆节期间乘客出行

2021年国庆假期到来前,为满足节假日期间客流需求,保障市民乘客安全高效出行,成都地铁提前分析客流趋势,从疫情防控、行车组织、客流组织、设备保驾、安保综治等方面提前准备、科学组织,以切实为广大市民乘客做实事、做好事为基础,制定专项保障方案,确保国庆大假期间客流组织平稳有序,市民出行舒适畅通。

一、国庆大假客流预告——请乘客朋友尽量选择"错峰出行"

节前一日(9月30日,周四):受国庆节放假影响,预计成都地铁线网客运量增幅较大,部分骨干线路晚高峰时间提前且持续时间延长。倪家桥、高新、金融城、孵化园、天府三街、天府五街等通勤站高峰期客流增幅明显;成都东客站、火车北站、成都西站、茶店子客运站、犀浦等枢纽站全日进、出站客流均有所增长,高峰期客流增幅较大;川大望江校区、万盛、石油大学、兴业北街等高校邻近站进站高峰持续时间较长,携带大件行李人数较多。

节日期间(10月1日—7日):受外出游玩、探亲、购物等客流叠加影响,预计交通枢纽站、商圈景点站较日常客流增幅较大。10月6日至7日,火车北站、成都东客站、犀浦等枢纽站返程客流较大,其中成都东客站进站高峰持续时间较长。

节后首日(10月8日,周五):受复工通勤客流影响,线网早高峰客流量较大,预计中医大省医院、火车南站、倪家桥、孵化园等重点车站高峰换乘客流较大。1号线早高峰南行客流量较大,乘客可在火车南站选乘18号线前往孵化园、世纪城、海昌路、西博城站。

温馨提醒:国庆大假期间车站将根据实时客流情况采取增设售票点位、增开安检机等客流组织措施,请广大市民乘客提前规划路径,预留足够的出行时间,尽量选择"错峰出行"。在搭乘地铁时请积极配合地铁工作人员的引导,有序进站乘车,提前出示健康码或扫场所码,凭绿码通行,如需获取相关帮助可联系车站工作人员。

二、提升线网运输能力——延长运营服务时间,为市民办好实事

国庆大假期间,成都地铁采用增加上线列车数、压缩行车间隔、延长末班车开行时间和服务热线时间等举措,全面提升线网运力,全力保障客流需求。一是提升线网运输能力。根据国庆节客流出行特点,节日期间各线均采用大客流列车运行图增加上线列车数,压缩行车间隔,提升线网服务水平。二是做好大客流运输保障。增加成都东客站、中医大省医院、动物园等大客流车站附近站点备用车存放,结合实时客流情况做好备用车加开,缓解大客流压力,做好市民乘客出行保障。三是加强各线路重点站间的互联互控。优化火车南站、孵化园、中医大省医院等重点车站高峰期列车到发时间,避免上、下行列车同时到达,同时延长春熙路、成都东客站等重点商圈站及枢纽站列车停站时间,满足乘客上下车需求。四是延长运营服务时间。节前一天及节假日最后一天(9月30日、10月7日),地铁线网各线路延长运营服务时间50~60分钟,地铁服务热线延时服务至凌晨1点。市民乘客可通过地铁电视、成都地铁官方APP、官方微博微信、站内告示等途径了解延时服务信息(见图4-1)。

三、优化客流组织——提供高品质特色化运营服务

国庆大假期间,成都地铁持续优化客流组织,提升服务水平。一是做好疫情防控工作。严格落实进站乘客亮码测温、佩戴口罩乘车等防疫要求,做好站厅、卫生间、列车车厢等公共区域卫生消杀工作。二是加强重点人群及关键点位客流引导。提前编制客流组织细化方案,优化客流流线,加强对老年人、游客等重点人群的关注及引导,做好站台扶梯、站台门等关键点位的盯控,维护乘客通行秩序。三是开展大客流演练。重点车站提前开展大客流演练,确保全员掌握车站客流组织措施,为大客流的到来做好准备。四是加强枢纽站协调联动。成都东客站、犀浦等枢纽车站加强地铁与铁路的"双铁"协调联动,有针对性地做好换乘高峰时段的乘客出行服务(见图 4-2)。

图 4-1　成都地铁末班车延长运营时间表　　　图 4-2　成都地铁站务员

四、增配安保力量与设备保驾——多维度保障市民朋友安全出行

国庆大假期间,成都地铁将强化安保管理和设备保驾力度。一是加强安全检查。加大对易燃、易爆等危险品的检查力度,严格按照相关要求做好安检工作,防止违禁品被携带进站,提高车站公共安全防范能力。二是增配安保力量。在成都东客站、春熙路、犀浦站等重点车站增配安检及保安人员,加强站内及列车车厢巡查力度,及时做好可疑物的排查及先期处置工作,同时提高安检通过能力,重点关注携带大件行李的乘客,避免乘客拥堵。三是强化设备保驾。重点强化信号、通信、综合监控、自动售检票、供电、站台门、车辆等关键行车及客运设备维护及保驾,重点车站安排专人值守,确保设备状态良好。

任务 3　大客流后处理总结

学习目标

1.知识目标:
- 掌握大客流结束后设备设施的恢复要求;
- 掌握大客流结束后客控物资的回收要求。

2.技能目标：
- 站务员能够在大客流结束后按要求恢复停用的设备设施；
- 站务员能够在大客流结束后按要求回收客控物资；
- 站务员及以上岗位人员能够集思广益，总结大客流方案的问题，并提出优化建议。

3.素质目标：
- 拥有强烈的岗位信念感和工作责任心，能够在工作中发光发热；
- 有强烈的集体荣誉感，能够积极在工作中提出建议；
- 工作细心，能够在大客流结束后，按要求恢复场地。

发布任务

国庆节大客流结束后，客流恢复正常秩序，对此次大客流进行场地恢复和总结。
涉及岗位：站务员及以上岗位人员。

落实任务

(1)恢复设备设施。
优先对停用的设备设施进行正常状态的恢复，并做好检查。

设备设施	是否恢复（恢复的打"√"）	检查状态
进站闸机		
自动售票机		
进站口		
扶梯方向		
其他		

(2)回收客控物资。
客流控制结束，_____分钟内回收客控物资，大客流站不超过_____分钟。

客控物资	是否回收（回收的打"√"）	备注
铁马		
栏杆		
告示牌		
隔离带		
对讲机		
荧光棒		
手提广播		
其他		

（3）客控总结。

①回顾大客流控制。

请将以下内容填入相应的方框中。

a. 站厅付费区

b. 购票区

c. 安检区

d. 一级控制点

e. 二级控制点

f. 三级控制点

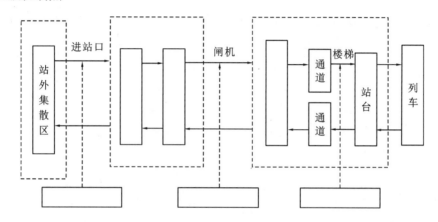

②请开展一场圆桌讨论。

对本次客流控制做出总结，便于下次优化方案。

a. 开场介绍。

介绍自己的岗位，以及在大客流控制过程中的工作内容。

b. 问题讨论。

问题一：大客流发生时，你所在的岗位遇到了什么问题？

问题二：遇到问题时，你的应对措施是什么？

问题三：在应对大客流的措施中，你认为哪些措施效果很好？

……

c. 总结。

对大家提出的问题和解决方案进行汇总。

拓展任务

如何有效宣传地铁乘坐指南,提高大客流时客流组织的效率?请大家提出建议。

评价反馈

评分项目	分值	自我评价得分	教师评价得分
工作页已完成(全部完成10分,其余0分)	10		
掌握大客流结束后设备设施的恢复	10		
掌握大客流结束后客控物资的回收	10		
能够提出针对大客流控制的建议	20		
总分			

知识要点

一、大客流组织后的场地恢复

(1)设备设施:优先对停用的设备设施恢复正常状态,并做好检查。

(2)客控物资:客流控制结束后,10分钟内回收客控物资(大客流站不超过30分钟)。

(3)客控总结:对本次客流控制做出总结,便于下次优化方案。

二、客流组织关键点

1. 站厅

①对于客流较大的站点,应在站厅TVM/预制客服中心前,利用伸缩栏杆或铁马等备品设置购票隔离区。隔离区原则上需设置进、出两个不小于1米的缺口,并预留进站通道,确保乘客在应急情况下安全疏散。

②关注进站客流,均衡购票队伍,做好乘车码等多元支付方式的宣传引导,避免购票客流长时间滞留。

③大客流时,应根据车站布局合理增设预制售票点,并安排人员在 TVM 前协助乘客购票,避免购票客流长时间滞留。

④车站客流组织需合理利用车站空间,扩大乘客等候区域;通过设置栏杆、安排员工引导等方式控制乘客流向,尽量减少客流交叉、对流,确保客流顺畅。

⑤利用铁马设置分流线时,每 5～8 米需预留 0.9～1.5 米的缺口;存放铁马时,应尽量靠墙/柱摆放,避免多点零散堆放,不得阻碍乘客走行;搬运铁马时,应轻拿轻放,避免发出噪声。

⑥客流控制结束后,车站需尽快回收相关客控物资,不得对客流的正常通行造成干扰。

⑦当车站出现出站大客流,站厅付费区排长队并影响站台的乘客通往站厅,或因出站闸机故障导致上述状况时,车站可视情况,经上级审批后引导乘客从免费通道出站,并即刻报 OCC,由行调通知相关车站做好客运及票务配合工作。当出站客流压力缓解时,车站应及时关闭员工通道并报 OCC。

2. 扶梯

①扶梯客流控制点的选取:距扶梯/楼梯口应有一定的缓冲空间,控制口宽度不得大于扶梯/楼梯口宽度。在特别拥挤的扶梯/楼梯口应安排人员引导乘客有序进入,以防止乘客被挤伤。

②关注扶梯的运行情况,在实施客流控制需关停扶梯时,应提前进行广播宣传,提醒乘客注意,确保扶梯上乘客疏散后,方可关停扶梯。

③关注扶梯/楼梯口乘客上下车动态,灯闪铃响时阻止乘客上下车,防止乘客抢上抢下。

④控制点的铁马使用扎带固定,应遵循"渐进缩小"原则,摆成喇叭口或斜口,不宜垂直控制,有条件及必要时应设置多道控制点以减少冲击力。

⑤控制点放行前先做宣传,逐渐解除拦截,避免通行客流拥挤,造成安全事件。

⑥设置扶梯延长线时,铁马应保持固定并与扶梯平面垂直,避免影响乘客正常行走或排队候车。

⑦非客流控制时段,扶梯前方 8 米范围内不得设置影响通行的铁马。

3. 站台

①注意对站台屏蔽门处维持上下车秩序用的伸缩带、铁马的安全监护,避免其绊倒乘客、撞击屏蔽门或卡入车门与屏蔽门的缝隙中。客流组织结束时,必须"物随人走",高峰岗撤离时需搬走屏蔽门口的所有伸缩带、铁马。

②做好乘客候车的引导工作,让乘客均匀分布候车。让小孩、老人、孕妇、抱婴者、携大件行李者到爱心候车区上车,组织乘客排队,维持乘客排队候车秩序,尽可能多地留出下车通道。

③关注乘客上下车动态,防止乘客抢上抢下,确保乘客安全。

4. 区域负责制

车站根据实际情况在站内划分客流控制区域,执行区域负责制。客流控制总负责人根据各区域客流情况,指挥各区域的"控、放"工作;各区域负责人做好本区域的客流组织工作,根据本区域滞留乘客人数或排队情况同其他区域负责人做好联控。

项目 5
突发客流组织

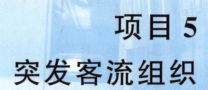

任务 1 发生火灾客流组织

扫码查看
项目资源

学习目标

1. 知识目标：
- 了解车站消防设备；
- 了解车站消防管理规定；
- 掌握不同地点火灾灭火原理和方法。

2. 技能目标：
- 理解车站火灾应急管理制度，能够根据工作实际提出改进建议；
- 能够按照规定流程实施车站火灾情况下的客流组织，保障乘客安全；
- 能够正确使用车站消防设备。

3. 素质目标：
- 遵守安全至上原则，深刻认识防火灭火的重要性；
- 坚守岗位职责，坚持防火巡查必严、违法必究；
- 能够理解乘客情绪，做好乘客引导、安抚工作。

发布任务

回忆曾经见过的火灾事故，梳理整个事故的处理流程，分析处理流程中是否存在错漏，结合已经掌握的现代技术，提出避免火灾造成更大损害的方法或想法。

回忆车站建筑结构特征、人员和设备分布特征，分析车站发生火灾的可能性以及如何避免火灾的发生、如何避免火势扩大。

落实任务

1. 分析车站火灾发生的原因

(1) 下列哪些后果是车站发生火灾后可能出现的情形？在方框内打钩。
□电路燃烧　　□办公桌椅燃烧　　□车站断电　　□房间燃烧无法开门　　□员工被灼伤
□车厢起火、车辆紧急停车　　□动物烧伤　　□车站燃烧　　□个别人体燃烧　　□踩踏事故

☐乘客被困车厢 ☐隧道内发生燃烧爆炸 ☐线路停运 ☐车站关闭 ☐大量人员烧伤
☐乘客死亡 ☐车站毁损 ☐设备破坏

(2)分析车站火灾发生的必要因素。

a. _____
b. _____
c. _____
d. _____
e. _____

(3)下列哪些行为可能引发火灾？在方框内打钩。

☐燃烧纸张 ☐燃烧酒精 ☐斗殴 ☐玩打火机 ☐线路积水 ☐电源插头沾水
☐设备风扇故障 ☐电动机自燃 ☐电火花点燃线路、设备 ☐照明灯具不合格 ☐列车起火

(4)下列造成车站火灾的各项因素的具体情形有哪些？

人的因素：_____
_____
_____

物的因素：_____
_____
_____

管理的因素：_____
_____
_____

环境的因素：_____
_____
_____

2. 车站火灾下的客运组织

(1)如何发现火灾？根据当前最先进的科技手段，提出创新性的火灾监测预警方法。

序号	火灾发现方法	是否存在错报？如何解决？谁来解决？
1		
2		

续表

序号	火灾发现方法	是否存在错报？如何解决？谁来解决？
3		
4		
5		

(2)信息上报、现场确认方法。

①信息上报的目的是什么？

_____

_____

②可以申请哪些外援？

_____

_____

③车站哪些岗位应当到火灾现场确认火情、参与灭火？

_____

_____

(3)火情处理。

	发现火情是误报	发现火势可控	发现火势不可控
值班员			

续表

	发现火情是误报	发现火势可控	发现火势不可控
值班站长			
客服中心岗			
厅巡/站台岗			
保洁、商铺员工			
外援部门人员			

续表

	发现火情是误报	发现火势可控	发现火势不可控
乘客			

(4) 火势失控后的乘客紧急疏散流程。

处理流程	责任岗位
掌握车站火情现状,向 OCC 汇报当前车站火灾位置、大小、发展趋势,根据 OCC 命令执行紧急疏散命令	
根据车站火灾趋势发布命令	
根据清客命令,赶往现场指挥客流疏散工作	
按压 IBP 盘闸机紧急释放按钮,打开闸机;TVM 设置为暂停服务;广播通知乘客尽快离开车站	
向车站工作人员发布具体分工指令组织疏散,安排工作人员赶往出入口张贴告示,阻止乘客进站	
把票款、报表放入保险柜或柜子内上锁	
收好票款和车票,锁好客服中心岗门	
打开边门,确认闸机开放	
手持广播等到站厅疏散乘客	
组织乘客从站台两端楼梯、扶梯出站	
赶往车站入口张贴告示,阻止乘车进站	
引导乘客由站台至站厅退票或出站	
加强站台巡视,指引乘客尽快出站,帮助有困难的乘客	
监控扶梯、楼梯安全运行;引导乘客有序离开	
检查垂直电梯是否有被困人员	
到紧急出入口集中	
清点员工人数、受伤情况,报告	
疏散完毕后报 OCC	

(5)火灾扑灭后的运营恢复流程。

a. _____

b. _____

c. _____

拓展任务

(1)说明下列图片中的火灾检测设备名称和工作原理。

(2)回答下列问题：
消防器材标识是什么颜色？

逃生用的引导标识是什么颜色？

逃生用的引导标识一般设置在什么位置？

逃生用的引导标识在照明不足或烟雾缭绕的情况下能看见吗？

火灾情况下能够乘坐电梯吗？

为避免烟雾呛鼻可以匍匐在地面上前进吗？

毛巾一定要湿水后才能使用吗？

听到火情疏散通知需要确认真有火情再离开吗？

为了避免人群拥挤，逃生时可以进入隧道区间吗？

逃生时，为了等同伴可以逆行或在人群中停留吗？

一定要停留时，哪里是最好的位置？

逃生时，跟着人流跑就好还是听从车站员工指引？

逃生时，随身物品被挤掉了可以捡拾吗？

(3)火灾情况下乘客疏散注意事项有哪些？
　　a.

　　b.

　　c.

　　d.

e. _____

(4)火灾的快速处置方法有哪些?
电器线路起火:_____

_____

监控室办公器具起火:_____

_____

站厅乘客纵火:_____

_____

(5)调查最近的地铁站是否设置了连续逃生标识,做出评价,列出数据和图片证明材料,提出改进建议。

_____

评价反馈

评分项目	分值	自我评价得分	教师评价得分
工作页已完成(全部完成10分,其余0分)	10		
了解车站火灾后果	10		
了解车站火灾客流组织流程	10		
掌握车站火灾各岗位职责	10		
掌握车站火灾处理方法	10		
总分			

一、城市轨道交通车站火灾事故

1. 地铁火灾事故概述

2003年韩国大邱市地铁发生纵火案,因消防设施设备配备不足、防火技术标准老旧、应急管理严重失误等原因,造成了198人死亡、146人受伤、298人失踪,经济损失高达数亿美元。1969年11月11日,北京地铁因电动车短路发生火灾,造成6人死亡、200多人中毒。统计数据显示,我国地铁投入运营后到目前已经发生百余起火灾事故,其中包括3起重大火灾事故,造成了不同程度的人员伤亡和经济损失,负面社会影响广泛。车站火灾威胁乘客人身安全,发生火灾后应根据火情立即采取有效的客流控制措施,维护乘客人身安全。

从发生次数来看,在世界范围内地铁突发事件中火灾占比是最高的;从事件后果来看,火灾与列车脱轨、爆炸、水灾、停电等其他事故比较来说,带来的人员伤亡最多、社会危害严重,火灾初期控制不当可短时间导致火势迅速蔓延,因此救援速度要求最高。

2. 地铁火灾事故原因

人的原因包括:人为纵火、乘客携带易燃物品或乱扔烟头、乘客消防安全意识不到位、车站运营管理人员消防安全意识和消防技能不足、车站运营管理人员数量不足或分布不合理。其中人为纵火比例较高、不易防范,需要车站加强安全检查、安全巡查;吸烟、乱扔烟头可能通过点燃垃圾或电气线路引发火灾,所有车站应坚持禁烟巡查管控;乘客携带易燃物品进站也可能造成火灾,需要从安检源头进行控制。一些事故可能引发火灾事故,比如列车脱轨可能引发火灾,毗邻人流密集商业街区的地铁站可能被其他火灾事故牵连产生火灾。

设备原因:电气线路老化、机电设备故障、装饰材料不具备阻燃特性、电器故障等。设备故障引起的地铁车站火灾事故占比最高,原因是地铁车站的运转是由站厅、站台、列车、隧道、照明系统、监控设备、通信设施、通风机电设备等一系列的设备来支撑的,设备内部、设备之间依靠大量的电气设备和供电线路联结运行,一旦电气设备或供电线路出现如短路、电路负载过大以及漏电而产生电火花、电弧之类的故障,就有可能引发火灾。因此,车站应定期检查设备、线路本身的安全状态及其周围环境的安全状态,及时发现并排除安全隐患,比如供电线路周围发现积水,要立即整改。一些老旧列车车厢内部装饰材料不具备阻燃特性,乘客若将易燃危险品带入车厢或因电气设备、供电线路故障很容易引发火灾,可加强危险品安检,此外,国家已经通过设置阻燃标准提高列车的防火能力,能够从源头提高车站防火安全等级。

管理原因:消防常规安全检查落实不到位、消防规章制度不健全、职工消防安全教育培训不到位、消防应急预案和应急演练不到位等。通过管理规章制度能够将防火、灭火、应急疏散需要的设备、人员、物资、技能等要素协调起来,尽可能消除火灾风险源,及时发现火灾并根据应急预案快速调动资源灭火,同时做好客流组织,防范乘客伤亡。此外,进行消防安全教育和消防安全宣传、开展消防巡演、普及消防知识和消防技能、加强消防信息化建设能够提高车站运营管理人员和乘客的消防意识,有效消除动态消防管理中的不利因素,比如全员监督消防风险源,最终有效减少车站火灾事故发生。

环境原因:指的是利于火灾发生的温度、湿度等条件。比如因设计原因导致某些机电设备长期在缺乏通风降温的环境中超负荷运行,可能导致火灾。车站处于地下,出入口少、电力消耗大但通风条件差,内部消防系统应精心设计,包括火灾监控系统、防烟排水系统、安全疏散系统、应急系统、供电系统等。此外,车站与消防站之间的距离、周边有无火灾高危单位等也会影响车站安全性。

3. 车站火灾事故后果

车站可燃物主要来自于隧道内和站台内,驶入车站的列车内也存在可燃物,如电线电缆、站台内部装修以及人们携带的纸制品、塑料、棉麻和化纤品衣物等,起火需要火源点燃,燃烧需要氧气助燃,当可燃物、氧气、火源都具备的情况下,火势将快速扩散,引起严重后果。

首先,车站火灾会产生大量烟尘,但排烟散热困难。车站位于地下,日常通风散热依靠空调系统,面积小,不利于散播烟尘和热量,温度上升很快,隧道内的有毒烟气和热量短时间内便可以充满整个空间,造成人员中毒、窒息而死。

其次,车站火灾发生后站内人员疏散难度大,客流量大、逃生路线长、时间短、出口少,客流拥挤时容易发生踩踏事件,需要沿逃生路线做好客流秩序维护。

最后,车站内灭火救援难度大。一是车站内部通道较为复杂,灭火指挥和通信困难;二是车站内浓烟遮挡视线,难以快速锁定起火位置实施灭火;三是火灾车站材料品类多样,不完全燃烧导致各种毒气弥漫,会使人窒息,进一步影响逃生和救援。

二、车站火灾客流组织方法

1. 车站火灾处置流程

1)发现火情

火情发现越早越容易扑灭。车站内空间大、通道多,为了尽快发现火情,都会安装火灾探测报警器。根据不同需求,车站组合运用多种火灾监测手段,提高火灾预警能力。

①火灾探测器:通过火焰、烟雾感应火情。封闭空间内都会安装火灾探测器,一旦发生起火,会向车控室发送报警信息。

②报警按钮:主要用于手动报警,站厅、站台等客流密集区域墙壁上都会安装,车站运营管理人员、乘客发现火情后可按压报警按钮,通知车控室,这种报警按钮一般单独安装。消防栓上也有报警按钮,按压后可立即发送火灾信号,还会发出巨大的警示声音。

③声光报警器:可以同时发出声、光两种报警信息,在有烟雾干扰的环境中能提供定位信息。

④基于监控视频的火灾监测预警系统。车站CCTV监控系统几乎对车站内部进行了全方位的视频监控,基于视频的火灾监测系统能够自动从图像中识别火焰,及时发出火情预警。

2)确认火情、启动火灾应急处置预案

接到火情报警后,一边确认现场火情,一边视情况报119出警、报120救援、报地铁公安出警。接到火情报警但无法确认是否为真实报警时,应先前往现场确认。如果火情为误报,经确认后上报OCC解除警报;确认现场火情形势后,立即启动火灾应急预案,组织灭火。

3)组织灭火救援

火势可控条件下,组织车站运营管理人员快速灭火,并做好现场检查;火势不可控,启动乘客疏散,接119进站救援,配合做好乘客救援安抚。监控现场救援情况,做好车站运营管理人员工作组织。配合地铁公安及相关部门做好火灾调查与记录。

4)现场清理、恢复运营

火灾被扑灭后,清理现场,检查设备运行状况,清洁恢复,确认无误后申请恢复运营。

2. 车站突发事件客流组织方法

(1)发现突发事件及时上报并确定客流组织对策。

①由监控系统发现或现场报告突发事件后,行车值班员报告 OCC 和值班站长/站长启动突发事件应急处置程序。

②由 OCC 确认突发事件、发布突发事件应急处置命令,行车值班员报告值班站长/站长突发事件应急处置程序。

(2)根据事件类型组织相关人员参与事件处置,加强监控协调。

①行车值班员根据突发事件应急处置程序通知车站员工参与突发事件处置,及时发布广播,引导乘客配合事件处置、保持客流秩序。

②行车值班员通知相关部门参与突发事件处置。火灾事件报 119、公安、120、新闻宣传部门;持械斗殴报公安;爆炸或危险化学品泄漏报 119、公安、安全监管部门、120、新闻宣传部门;恐怖袭击报 119、公安、120、新闻宣传部门;地震报 119、公安、安全监管部门、住建部门、新闻宣传部门。

③行车值班员加强现场监控,及时将事件进展报 OCC 和值班站长/站长,必要时将相关设备区通道门禁设置为常开状态,或操作 IBP 盘,按压紧急释放按钮,将通道设置为常开状态,加速人员撤离。

(3)各岗位各司其职,协同处置突发事件。

①值班站长接到突发事件通知后,前往现场确认,明确事件状态,启动处置程序或申请支援;组织客运值班员、厅巡员、保洁等做好应急备品准备和事件处置,保护乘客安全、组织乘客撤离;巡视车站,确认设备设施恢复正常状态,确定乘客全部撤离、无人员滞留。

②客运值班员根据值班站长要求协助值班站长现场确认;准备客运组织应急备品,做好乘客组织准备;做好信息传递;做好客服中心岗位票务工作指示和组织,确认 AFC 状态;做好客流组织,如引导、警示、现场秩序维护、清客、疏散、公交接驳组织等;按照值班站长要求做好现场处置,如恢复设备状态、关闭出入口;做好乘客解释工作;突发事件处置完成做现场查验,恢复设备状态,统计票卡、上交票务中心。

③客服中心岗根据通知和处理程序要求做好乘客票务处理,统计投诉,协助值班站长组织客流出入,检查乘客是否滞留,操作闸机和电梯等设备,做好出入口控制,做好乘客解释与安抚工作,协助做好乘客安全疏散、检查并恢复设备正常状态,协助恢复运营。

④站台岗、厅巡员协助值班站长做好现场控制、屏蔽门处置、乘客引导、乘客疏散组织、乘客接驳组织、设备检查、站台巡视,配合值班站长和客运值班员工作。

(4)保安、保洁等驻站人员听从行车值班员安排,配合做好现场布置、乘客引导、撤除现场应急设施、现场清理等工作。

3. 火灾情况下的客流疏散组织方法

(1)行车值班员报 OCC、值班站长、铁路公安执行紧急疏散程序;播放应急广播,指引乘客出站;按压 IBP 盘 AFC 紧急释放按钮,加快乘客出站;加强现场监控;视情况到紧急出入口集中。

(2)行车值班员赶往现场指挥客流疏散工作,指引乘客出站,安排人员至出入口引导客流,只出不进;最后确认疏散完成后组织车站运营管理人员到紧急出入口集中,清点人数报车控室。

(3)客运值班员接到行值通知后,把票款、报表放入保险柜或柜子内上锁;听从值班站长安排做好安全防护,手持广播等到站厅疏散乘客;到紧急出入口集中。

(4)客服中心岗接到通知后收好票款和车票,锁好客服中心岗门;打开边门,确认闸机开放;疏散站厅乘客;到紧急出入口集中。

(5)厅巡岗/站台岗拿好应急备品组织疏散,组织乘客从站台两端楼梯、扶梯出站;检查垂直电梯是否有被困人员,报值班站长;巡视站台后配合值班站长、客运值班员疏散站厅乘客;到紧急出入口集中。

(6)保安、保洁等驻站人员赶往车站入口张贴告示,阻止乘车进站。

(7)灭火完成后行车值班员通知恢复运营,值班站长组织现场检查、清理、汇报;行车值班员报OCC,根据OCC命令恢复运营。

任务2 列车故障客流组织

学习目标

1. 知识目标:
- 理解列车故障对车站运营的影响;
- 掌握车站在列车发生故障时的客运组织原则、方法;
- 掌握乘客区间疏散、公交接驳的方法。

2. 技能目标:
- 掌握列车故障情况下的车站客运组织方法,能够根据工作实际提出改进建议;
- 能够按照规定流程实施客流组织,保障乘客安全;
- 能够正确使用客流疏散设备、正确执行票务管理。

3. 素质目标:
- 遵守安全至上原则,坚守岗位职责,遵守管理制度,贯彻落实工作流程和要求;
- 能够理解乘客情绪,做好乘客引导、安抚工作;
- 认识到团队协作的重要性。

发布任务

请通过网络、实地调查了解列车故障后果和处置流程,重点阅读分析车站人员在列车发生故障后做了哪些工作,考虑并制定严谨的列车故障后客流组织流程。

落实任务

1. 列车故障认知

(1)将下列列车故障和相应的车站客运组织方法用线连起来。

列车降级运行进站　　　　　　　　组织车站紧急疏散

列车已在区间停运等待救援　　　　清客

列车在区间停运等待救援列车牵引进站　　组织隧道区间疏散

列车进站后转辅助线检修　　　　　正常接发车

(2)列车发生故障后车站会停运吗？按照后果大小，填写列车发生故障后的客运组织方法。

a. _____

b. _____

c. _____

d. _____

(3)列车需要下线时，车站应该为乘客做哪些服务？

a. _____

b. _____

c. _____

d. _____

e. _____

(4)列车故障带来的除车站停运以外的后果还有哪些(比如社会影响方面)？

a. _____

b. _____

c. _____

d. _____

e. _____

2. 列车故障后果处理办法

(1)列车发生故障后线路不停运，故障列车如何实现快速下线？

(2)填写列车清客处置流程。

处理流程	责任岗位
接 OCC 列车清客命令,通知值班站长清客;使用 CCTV 监控站台清客组织	
组织车站员工进行进站列车清客	
组织清客	
加强站台巡视,确认清客完毕,做好秩序维护	
确认无乘客滞留,报车控室	
报 OCC 清客完毕	

(3)列车发生故障停在线路区间后,乘客怎么办?

3. 区间疏散办法

(1)执行区间疏散,疏散人员要进入线路区间隧道,需要遵循哪些原则?

区间疏散的目的:＿＿＿＿＿＿＿＿＿＿＿＿＿＿＿＿＿＿＿＿＿

区间疏散存在的危险:＿＿＿＿＿＿＿＿＿＿＿＿＿＿＿＿＿＿＿＿＿

执行疏散任务的人员防护和备品:＿＿＿＿＿＿＿＿＿＿＿＿＿＿＿＿＿＿＿＿＿

执行疏散任务的岗位:＿＿＿＿＿＿＿＿＿＿＿＿＿＿＿

(2)车站执行区间疏散的流程。

处理流程	责任岗位
发布疏散命令	
通知值班站长	
通知相邻车站做好疏散配合;通知公安	
通知行车值班员启动疏散程序,准备备品,穿戴防护用品	
协助值班站长做好疏散准备	
进入区间,在下轨道楼梯处设置应急灯,前往列车	
在疏散端门处设置屏风维持乘客秩序,准备做好乘客解释工作;设置应急灯、红闪灯等,做好乘客出站道路照明与警示	

续表

处理流程	责任岗位
到达客车,与司机联系,掌握疏散原因、乘客伤亡情况;组织疏散,安排人员看守渡线、联络线,防止乘客误入	
带领乘客向本站方向疏散	
广播安抚疏散乘客,指引退票、接驳	
做好乘客退票和解释工作	
到达列车疏散方向尾端,防止疏散乘客疏散方向错误	
与地铁公安做好联系、交接,配合做好安全防护	
清点救援人员和乘客	
跟随最后一名乘客疏散到站台,确认无乘客滞留在疏散平台上	
张贴告示,参与公交接驳等客运服务	
确认乘客疏散完毕,报车控室、行调	
区间巡视完毕,确认区间出清后通知行值,与司机做好沟通后返回车站;确认无人员滞留线路、疏散平台后报车控室线路出清	
组织好站内票务、客运服务工作	
接 OCC 应急终止命令,通知各岗位完成区间疏散	
做好工作回顾与总结	

4. 公交接驳方法

(1) 分析公交接驳的必要性,举例说明为什么要设置公交接驳。

　　a. _____

　　b. _____

　　c. _____

(2) 从车辆配置、费用核算讨论实现公交接驳的方法。

　　a. _____

　　b. _____

　　c. _____

　　d. _____

(3)结合车站岗位职责,分析公交接驳的流程,填写下表中执行相关流程的责任岗位名称。

处理流程	责任岗位
发布公交接驳命令	
通知车站全员启动公交接驳	
报 OCC、公安、站长	
通知客运值班员迅速到车控室准备公交接驳用品	
安排工作人员摆放告示,播放广播	
广播告知乘客接驳方案	
将公交接驳箱、应急接驳车标志放至接驳口,准备好接驳备品、排队栏杆	
摆放告示,协助搬运接驳备品,协助维持出入口秩序	
做好应急票务工作	
确认边门打开,告示已摆放到位,向乘客派发公交信息指引卡	
在站台、站厅设置告示,引导乘客至公交接驳点,确认 PIS 显示和广播	
根据值班站长命令,开放边门,组织乘客有序出站,回收单程票,派发公交信息指引卡	
单向公交接驳,疏散站厅人员	
双向公交接驳,至出入口维持秩序	
单向公交接驳,做好站台乘客候车工作,维持候车秩序与稳定	
双向公交接驳,做好站台疏散工作,确认乘客全部离开站台后报车控室	
带领乘客至出入口乘坐应急公交接驳车,与客运值班员做好人员交接	
跟踪接驳车位置,通知出入口负责人	
首趟车辆到站,车头摆放地铁应急公交接驳车标志	
组织乘客有序上下接驳车,清点人数,办理手续;填写应急接驳汽车数量确认表,将车辆到、发点及乘车人数、行驶方向报车控室	
确认需要乘坐接驳车乘客已离开付费区	
记录接驳车辆到、发点及乘车人数、行驶方向,通知后续车站	
确认乘客疏散完毕,报车控室、行调	

续表

处理流程	责任岗位
确认车站人员疏散情况,及时报告 OCC	
接 OCC 停止应急接驳指令,报值班站长,停止播放广播,撤除相关告示	
接行车值班员停止公交接驳指令,确认所有乘客均可乘坐最后一班公交离开	
接取消接驳指令,确认所有乘客均可乘坐最后一班接驳车离开;携带接驳备品撤离,备品归位	
组织恢复运营	

拓展任务

搜集并阅读不少于 3 篇列车故障统计报告或研究论文,总结列车故障原因,分析列车故障处理对策,创新性提出列车故障情况下的乘客快速逃离方法。

_____
_____
_____
_____
_____
_____
_____
_____
_____
_____

评价反馈

评分项目	分值	自我评价得分	教师评价得分
工作页已完成(全部完成 10 分,其余 0 分)	10		
了解列车故障类型	10		
了解列车清客、区间疏散、公交接驳流程	10		
掌握列车清客、区间疏散、公交接驳时各岗位职责	10		
掌握列车清客、区间疏散、公交接驳方法	10		
总分			

> 知识要点

一、列车故障客流组织概述

列车是科技密集型产品,发生故障的原因很多,车门系统、电气控制系统、通信系统、牵引制动系统、空调系统等都有可能发生故障。列车发生故障后,驾驶员、OCC 控制中心会根据故障类型选择降级运行、下线维修甚至等待救援。其中,降级运行列车运行到车辆段后下线检修;需要下线维修的车辆选择最近的辅助线停车检修,下线运行前应当清客;列车因故障停车,应当清客,等待救援列车救援;如果列车在线路区间因故障停运,则应当组织区间乘客疏散,故障列车尽快驶离正线。

列车故障清客指的是列车到达中间站后组织全部乘客下车,换乘下一班列车继续运行,车站运营管理人员应当做好清客组织,确保乘客全部下车,做好解释工作;当列车困于线路区间时,车站运营管理人员需要组织乘客区间疏散,区间疏散光线昏暗,应当注意乘客安全,防止岔道口走散,使乘客安全进入车站内;如果故障列车不能及时离开区间线路,影响后续列车通过,车站应当组织公交接驳乘客,做好乘客解释、安抚工作。

二、列车清客组织

(1)车控室接 OCC 列车清客命令,行车值班员通知值班站长清客;使用 CCTV 监控站台清客组织。

(2)值班站长组织车站员工进行进站列车清客;客运值班员根据值班站长要求做好清客准备,协助值班站长做好进站列车清客;站台岗加强站台巡视,待列车进站后上车清客;注意做好乘客解释工作,维持乘车秩序。

(3)值班站长待乘客全部下车后,检查是否有乘客滞留,通知车控室清客完成。

(4)车控室向 OCC 汇报清客完成。

三、区间疏散组织

(1)OCC 向车站发布区间疏散命令,行车值班员立即通知值班站长准备;通知区间相邻车站做好端门把守;接到可以进入隧道的命令后立即报告值班站长。

(2)值班站长接到疏散命令后,准备好手电、广播等行车备品,穿戴防护用品;客运值班员协助值班站长准备好行车备品、穿戴防护用品;厅巡岗立即到车控室穿戴防护用品。

(3)接到进入隧道通知后,值班站长带领客运值班员、厅巡岗进入隧道,并在下轨道楼梯处放置应急灯;站台岗在疏散端门设置红闪灯,放置屏风围闭,做好乘客解释工作。

(4)到达列车后值班站长与司机联系开门,询问疏散原因、客伤情况,组织乘客向 OCC 决定的方向疏散,在渡线、岔道口安排人员看守,防止乘客误入并做好疏散引导;客运值班员带领乘客疏散,厅巡岗到列车疏散方向尾端引导乘客,防止乘客走错方向;厅巡岗确认乘客疏散完毕后,跟随最后一名乘客疏散到站台,并确认无乘客滞留在区间内;值班站长确认乘客疏散完毕后报车控室、行车调度员,巡视区间确认出清后通知行车值班员,与司机沟通完毕后返回车站;客运值班员清点救援人员和乘客,出清后报行车值班员。

(5)值班站长与公安做好交接,组织好票务和公交接驳工作;客运值班员组织车站做好退票、公交接驳；客服中心岗做好乘客退票、解释工作；厅巡岗参加公交接驳。

（6）行车值班员广播安抚疏散乘客，引导乘客退票、乘坐接驳公交；接值班站长乘客线路出清报告后报 OCC。

四、公交接驳组织

（1）行车值班员报 OCC、公安、站长，启动公交接驳；站内广播通知乘客，确认 PIS 显示；做好公交接驳跟踪监控。

（2）值班站长接到公交接驳通知后，安排人员摆放告示；单向接驳指挥站厅乘客疏散，双向接驳维护出入口秩序。

（3）客运值班员接到通知后立即到车控室准备接驳备品，将接驳箱、接驳车指示牌放至接驳点，摆放排队栏杆，夜间接驳穿反光衣、设置红闪灯指示位置；组织乘客有序乘车，清点人数，办理手续、通知司机发车、做好登记，报车控室。

（4）客服中心岗做好票务组织工作，确认边门打开，摆放告示，向乘客派发公交信息指引卡。

（5）厅巡岗接到通知后在站厅、站台摆放告示，引导乘客出站至接驳点，确认 PIS 显示和广播；根据值班站长命令打开边门并回收单程票，向乘客派发公交信息指引卡，确认乘客都已离开付费区，带领乘客至公交接驳点，与客运值班员做好交接。

（6）站台岗，单向接驳，做好站台乘客引导、另一方向乘客候车组织；双向接驳，做好站台乘客疏散，确认乘客全部离开后报车控室。

（7）保安、保洁人员接通知后摆放告示，协助设置接驳点，协助维持出入口秩序。

（8）行车值班员做好接驳登记，确认疏散情况，报 OCC；接到停止接驳命令后报值班站长，停止播放广播、撤除相关告示，组织恢复运营。

任务 3　安全事件客流组织

学习目标

1．知识目标：
- 理解安全事件对车站运营的影响；
- 掌握安全事件的类型、特点和客运组织原则、方法；
- 了解安全事件的应急管理预案；
- 掌握车站突发治安事件、乘客掉落站台、车站爆炸等事件的客流组织方法。

2．技能目标：
- 掌握安全事件下的车站客运组织方法，能够根据工作实际提出改进建议；
- 能够按照规定流程实施客流组织，保障乘客安全；
- 能够正确处置安全事件，掌握安全事件下的公共管理方法。

3．素质目标：
- 遵守安全至上原则，坚守岗位职责，遵守管理制度，贯彻落实工作流程和要求；

- 做好乘客引导、安抚工作；
- 认识到团队协作、同理心的重要性。

发布任务

想象一下自己在车站被陌生人打断了鼻梁并被辱骂，3分钟后有工作人员赶来相助，大声呵斥并拉着打人者和"我"前往办公室，报告自己的诉求、情绪和周围人的反应。分析还有哪些事件会影响车站的安全秩序，在这些事件中车站工作人员应该做什么？

落实任务

1. 认识车站安全事件

（1）填写可能发生在地铁车站的安全事件，写明事件对乘客的直接伤害、对安全秩序的影响及社会影响等后果。

车站安全事件类型	事件后果

续表

车站安全事件类型	事件后果

(2) 根据车站运营管理原则制定车站安全事件处理原则。

a. _____

b. _____

c. _____

d. _____

(3) 分析各类事件发现方法，提出创新性的快速检测方法。

车站安全事件类型	现行的车站安全事件实际发现方法	创新性发现方法（说明原理或灵感来源）

续表

车站安全 事件类型	现行的车站安全事件实际 发现方法	创新性发现方法 （说明原理或灵感来源）

2. 安全事件处理办法

(1)分析斗殴等客伤事件的处理办法，在下表中填写各岗位应当履行的职责。

责任岗位	处理任务
行车值班员	
值班站长	
客运值班员	
厅巡岗/站台岗	

续表

责任岗位	处理任务
客服中心岗	
保安、保洁	

(2) 车站爆炸客运组织流程与方法。

处置流程	责任岗位
接到爆炸信息,通知值班站长前往现场确认,报站长、OCC、119、120、公安	
到达现场确认	
接到通知或发现爆炸迅速前往现场	
接到通知赶往现场维持秩序,疏散周围乘客;听从值班站长安排进行现场处置	
通知各岗位启动爆炸应急程序,启动排烟或通风模式	
接到通知后立即准备应急备品、佩戴防护工具至现场协助值班站长做好乘客疏散	
组织人员封锁现场,抢救伤员,寻找目击证人,查找可疑人物,移交公安调查	
安排停止售票,关闭自动扶梯,保护现场	
引导乘客自各出入口疏散。根据值班站长指令迅速关闭事发路线卷帘门、移门,限制乘客进入该路线	
听从值班站长安排采取相应措施阻止险情恶化	
接通知后,安抚站台乘客,留意可疑情况并及时汇报	
接到通知后,收好钱、票,立即出客服中心,做好乘客服务	

续表

处置流程	责任岗位
预测事态发展,需要时组织车站疏散,加强与车控室、行调联系,沟通确认信息	
播放客流疏散广播通知,密切监控CCTV;按压AFC紧急释放按钮,进行乘客疏散	
接疏散命令后,检查并打开闸机扇门,打开边门;协助引导乘客出站,关停扶梯,检查垂直电梯	
接车站疏散命令后协助值班站长组织车站疏散	
接车站疏散命令后进行站台清客,关停扶梯,指引乘客出站,检查垂直电梯是否有被困人员;维持站台和电梯客流秩序	
组织站厅疏散	
疏散完毕后,接车控室命令关闭各出入口,张贴关站告示,报告车控室	
关闭出入口后至指定出入口维持秩序,禁止无关人员进入和靠近出入口	
确认全站疏散完毕,将现场移交公安;通知行车值班员向OCC申请关站	
申请关站;接OCC同意后报值班站长	
接到应急解除通知后,组织人员清理现场,恢复设备,撤除防护	
接值班站长应急解除命令后,检查AFC、屏蔽门等各终端设备是否正常并报车控室,恢复现场	
确认现场恢复,通知行车值班员向OCC申请开站	
获得开站同意后,通知各岗位员工恢复正常运营	
接行车值班员开站通知,撤除告示,引导乘客进站	

写出以上处置流程可能使用的应急备品及其作用:

  a. _____

  b. _____

  c. _____

  d. _____

  e. _____

f. _____

(3)客流组织方法选择。

情况描述	选择合适的客流组织方法
爆炸发生在站台,屏蔽门无损坏	
爆炸发生在站厅,引起闸机燃烧	
爆炸发生在端门内,肉眼可见火团	
乘客利用站台卧轨	
乘客在售票处扔爆竹	

(4)车站恢复运营的条件有哪些?
a. _____
b. _____
c. _____
d. _____
e. _____
f. _____

3. 乘客恐慌情绪管理

(1)治安、恐怖袭击类事件容易引起乘客恐慌,车站员工应当如何进行管理?

目击事件过程的乘客:_____

发现异常但离现场较远还不清楚事实的乘客:_____

即将进站的乘客:_____

不在车站的潜在乘客:_____

(2)作为车站员工,遇到治安、恐怖袭击事件应当怎么做?

针对事件的处理:_____

_____

面对恐慌情绪:_____

_____

事后情绪管理:_____

_____

评价反馈

评分项目	分值	自我评价得分	教师评价得分
工作页已完成(全部完成10分,其余0分)	10		
了解车站安全事件类型	10		
了解车站安全事件处置原则	10		
掌握车站安全事件处置时各岗位职责	10		
能够准确按照流程处置车站安全事件	10		
总分			

知识要点

一、车站安全事件概述

1. 车站安全事件含义

公共安全包含信息安全,食品安全,公共卫生安全,公众出行安全、避难者行为安全,人员疏散的场地安全、建筑安全、城市生命线安全,恶意和非恶意的人身安全和人员疏散等。公共安全事件包括自然灾害、事故灾难、公共卫生事件、社会安全事件。社会治安事件是指群体或个人为了满足个人需要或者达到特殊目的,利用或选择适宜的场所、时机和环境,通过实施违法犯罪或采取不正当手段,扰乱、破坏社会治安秩序,危害他人生命、财产安全,如恐怖袭击。自然灾害包括洪水、暴雪、地震、火山爆发等事件。公共卫生事件指突然发生,造成或者可能造成社会公众健康严重损害的重大传染病疫情、群体性不明原因疾病、重大食物和职业中毒以及其他严重影响公众健康的事件。

车站安全事件包括自然灾害、事故灾难、公共卫生事件、社会安全事件。自然灾害包括地震、暴雨、暴雪;社会安全事件包括车站爆炸、恐怖袭击、毒气袭击、人员劫持等;事故灾难包括突发治安事件、客伤、屏蔽门或车门夹人、站台落人落物体等。

2. 车站安全事件应急处置预案

车站空间有限,客流密集,突发事件类型众多,一些事件发生概率极低,为了做好乘客生命安全保障,必须提前做好事件处置准备,即应急预案制度。车站针对不同事件产生的后果、事件控制关键要素、处置时机和方法,提前制定好上下联动、各司其职、快速处置的工作流程和责任岗位,一旦发生某类事件,启动相应的应急预案,车站运营管理人员依据岗位职责承担相应的应急处置任务,齐心协力完成各类事件的应急处置。

二、车站安全事件客流组织原则

1. 客流组织目标

1)维护乘客生命安全

安全事件不及时处理可能危及乘客生命安全,高效处理是防止安全事件后果扩大的有效手段,因此,城市轨道交通运营公司会将应急反应速度纳入员工能力水平评价指标体系中;当乘客生命安全受到巨大威胁时启动紧急疏散程序,乘客受伤情况下,救援速度决定了乘客的生命安全,因此,车站运营管理人员应当取得一定比例的救护员证书。

2)维护车站安全和列车运行安全

车站和列车是乘客出行的载体,当安全事件影响车站和列车的设备设施的安全可靠性时,乘客的生命财产就处于危险状态。车站安全事件客流组织要以维护车站安全和列车行车安全为目标,尽快消除站内危险人员和物品、通信设备故障、屏蔽门不稳定等各类风险源。

3)恢复客流秩序

客流安全是车站客流组织的最高目标,当客流秩序趋于一致、稳定时,客流运行效率就高,客流安全性也高。安全事件使客流中出现异常点,异常点的稳定客流状态被打破以后还会向周围客流蔓延,严重时可能引起群体性事件。安全事件客流组织消除风险源后应尽快恢复客流秩序,保持安全、有序、高效。

4)消除安全事件影响、恢复现场环境

安全事件有时候导致设备设施损毁,或遗留积水、障碍物在现场,威胁车站的安全生产环境,因此,安全事件客流组织应恢复现场环境,保证设备设施安全运行、生产环境无安全隐患。

2. 车站安全事件客流组织原则

1)遵守规章制度,服从统一调度

车站安全事件偶发性强,事件后果通常随着时间推移越来越严重,同时涉及行车、客运、车站设备设施、运营管理等整个系统的安全,使得高效成为车站安全事件客流组织的最重要目标。在城市轨道交通运营管理架构和车站管理架构体系下,必须通过提前制定好的应急管理预案体系提高信息传达、决策传递效率,由车站运营管理人员坚决执行,达到安全事件客流组织目标。因此,车站安全事件客流组织首先要求全体运营管理人员遵守规章制度、服从统一调度,使应急预案流程步步落实、环环相扣,防止事态扩大,快速消除影响,维护车站安全和运营秩序。

2)贯彻安全第一生产原则,坚守岗位职责

贯彻落实人民生命安全至上、车站安全生产第一原则,高效处置安全事件,自觉检查安全隐患,规范操作,解除各类安全威胁。车站空间结构宽阔但封闭,客流时刻处于流动状态中,客流状态随时可能发生变化,需要不同岗位的人员在安全事件客流组织过程中坚守岗位职责,处理乘客乘车、票务、站务、安全管理等事务。

3)团队协作,高效处理

车站安全事件需要车站站长、值班员、站务员、票务员、安全员、保洁员工全体团结协作,逐步落实应急预案,高效履行岗位职责,根据车站员工配置主动补位,组织车站客流安全、有序流动。

4)自觉查验,恢复现场

安全事件处理完成后自觉查验现场,避免遗漏乘客、遗留设备妨碍通行等情况发生,恢复现场环境、维护车站安全。

三、车站安全事件客流组织职责

车站安全事件客流组织遵循基本原则。从岗位职责出发协同配合,各岗位具体职责见表 5-1。

表 5-1　车站各岗位客流组织职责

岗位	行车、客运、票务	安全
值班站长	执行车长管理规章制度,组织站内员工开展工作; 制订行车、客运、票务工作计划,检查和监督车站员工工作; 巡查车站工作,根据车站实际情况做出安排; 接待来访投诉,组织乘客服务; 负责文件处理、数据统计、工作汇报等	落实安全管理职责,负责日常安全检查,检查车站安全防护; 组织突发/紧急情况下的车站运作,按应急方案组织处理车站各类事故/现场指挥员工处置
行车值班员	听从 OCC 指令,服从行车调度员指挥,传达调度指令,汇报指令完成情况; 负责执行车站列车运行计划,负责车站监控和 LOW、IBP 盘及各设备系统终端界面管控,负责车站广播; 负责保管车站行车设备备品、部分钥匙和门禁卡,并保证其安全; 协助值班站长监督、管理站务员	听从 OCC 指令,通知值班站长启动应急处置程序,负责应急处置工作中的对外联络; 配合值班站长做好应急处理,做好车站广播、监控和设备管理; 记录信息; 向 OCC 汇报应急处置工作进展
客运值班员	负责当班站务员的工作安排、指导、监督; 负责票务组织,车票和钱款配发、回收、保管及营收统计; 负责票款解行; 协助值班站长组织管理车站工作,处理乘客事务; 巡视车站	协助值班站长维护车站安全,做好突发事件处置; 做好车站乘客组织,维护乘客安全
客服中心岗	严格执行票务作业标准,正确使用票务设备,确保票款安全; 负责票款报表单据填写和票务中心备品管理	听从值班站长安排,协助做好紧急情况下的票务组织; 协助处理票务紧急情况

续表

岗位	行车、客运、票务	安全
厅巡岗	严格执行厅巡作业标准,引导乘客正确操作票务设备; 按规定处理站厅工作,注意站厅付费区、非付费区乘客的动态,保证设备设施正常运行,发现有违反规定的行为应及时劝止; 负责及时更换钱箱、票盒、清点钱箱; 认真巡视,负责站厅、出入口的客流组织工作,填写报表	听从值班站长安排,协助做好紧急情况下的站厅客流组织; 协助组织乘客快速出站,巡视确认站厅区域无乘客滞留
站台岗	严格执行站台作业标准,巡视站台,发现问题及时处理,监视列车运行状态及候车乘客的动态,确保列车正常运行和乘客的人身安全; 维护站台乘客的秩序,组织乘客有序乘降,如发现乘客有违规行为,应及时制止,并做好解释工作; 监控车门及安全门的开关状况,发现故障等异常情况及时采取措施; 负责站台、自动扶梯的客流组织(客流高峰时限流)工作,必要时采取相应措施	听从值班站长安排,协助做好紧急情况下的站台客流组织; 协助站长组织清客,确认无乘客滞留列车; 配合值班站长做好站台、隧道区间的乘客疏散; 协助值班站长做好车站客流组织; 遇有车站发生伤亡事故,应及时向有关部门汇报,保护现场,疏导乘客,并协助公安人员进行处理
保安、保洁		听从值班站长安排,协助做好突发情况下的告示张贴; 到达指定地点协助做好客流组织

四、车站客伤客流组织职责

(1)行车值班员接报后通知值班站长、客运值班员携备品到现场,报 OCC、站长、保险公司、120(必要时);通过监控跟踪现场进展。

(2)值班站长接报后立即携带急救箱赶赴现场,确认客伤详情,了解受伤原因,涉及地铁设备的做好停用和维护,安排人员现场取证,根据乘客受伤情况做好先期处置和安抚;客运值班员接通知后立即携带录音和拍照工具赶赴现场,协助值班站长做好乘客救助,做好现场围闭,挽留目击证人,做好取证工作。

(3)客运值班员、厅巡岗做好现场秩序维护,疏散围观乘客,做好后续服务,避免引起乘客恐慌,留意现场乘客情况;其他岗位协助做好乘客解释、乘车引导,做好乘客服务。

(4)值班站长将现场情况报行车值班员,根据情况联系 120 救助,需要时联系地铁公安赶赴现场,安排保安到出入口接 120,做好车站其他运营管理人员信息沟通,做好乘客解释与引导。

(5)值班站长协助地铁公安查看监控录像,安排车站运营管理人员配合做好调查取证。

(6)客伤处理完毕由保洁做好清理,恢复现场;行车值班员做好汇报和记录。

五、车站爆炸客流组织

1. 车站爆炸客流组织流程

(1)行车值班员接报后立即通知值班站长赶往现场确认,报站长、OCC、119、120、公安;通知各岗位启动车站爆炸应急处置程序;执行OCC命令,确认启动通风排烟模式;播放应急疏散广播;密切监控现场情况,发现问题立即报告。

(2)值班站长接报后立即赶往现场确认,启动车站爆炸应急处置程序,做好乘客救助、疏散组织;客运值班员接通知后携带备品赶赴现场,扩音器提前录好音,协助值班站长疏散乘客;值班站长组织车站运营管理人员隔离封锁现场,救助伤员,寻找目击证人,查找可疑人物,移交公安调查,安排关闭扶梯、停止售票,组织车站乘客疏散。

(3)客服中心岗接通知后收好票款,立即出客服中心,确认闸机、边门打开,引导乘客出站,做好乘客解释工作;厅巡岗接到通知后迅速赶往现场协助值班站长,按照通知做好乘客疏散;站台岗接通知后安抚站台乘客和巡视,发现可疑情况立即上报,接到车站疏散命令后做好站台清客;保安保洁接通知后赶赴现场协助维护秩序,关闭出入口,张贴告示。

(4)客服中心岗协助站台岗关停电梯,与厅巡岗组织乘客自出口出站,站台岗确认垂直电梯是否有被困人员、检查扶梯和线路情况后报车控室;客运值班员确认疏散完毕至出入口维持秩序;值班站长确认全站疏散完毕,将现场移交公安,通知行车值班员向OCC申请关站。

(5)行车值班员向OCC申请关站,获同意后报值班站长。

(6)值班站长收到应急解除通知后组织人员清理、恢复现场;满足运营条件后,组织车站运营管理人员开站。

2. 车站爆炸处置要点

(1)做好乘客救助、现场保护、取证。

(2)重视乘客情绪安抚,做好解释引导;注意现场乘客情况调查;快速引导不知情乘客出站,避免乘客聚集围观,干扰现场工作。

(3)做好事件处置,关注车站运营管理人员安全、情绪安抚。

任务4　不良天气客流组织

学习目标

1.知识目标:
- 了解不良天气的分类及其特征;
- 掌握不良天气的客运组织原则、方法;
- 掌握车站防洪防潮知识。

2.技能目标:
- 掌握不良天气条件下的车站客运组织方法,能够根据工作实际提出改进建议;

- 能够按照规定流程实施客流组织，保障乘客安全；
- 能够完成防洪、防潮、除冰工作。

3. 素质目标：
- 遵守安全至上原则，坚守岗位职责，遵守管理制度，贯彻落实工作流程和要求；
- 做好乘客引导、安抚工作；
- 认识到科技创新的重要性。

发布任务

通过网络或个人图片库搜集不少于10张雨天人们出行和工作的图片，观察图片，讲述雨天的故事；通过网络或个人图片库搜集不少于10张雪天人们出行和工作的图片，观察图片，讲述雪天的故事。

落实任务

1. 认识影响车站安全的不良天气

在下表中填写各种天气情况下车站安全可能受到怎样的影响，以及车站应当提供哪些客运服务。

天气情况	如何影响车站安全	应对措施
连绵小雨		
大雨		
暴雨		
洪水		
小雪		

续表

天气情况	如何影响车站安全	应对措施
大雪		
暴雪		
冰冻		

2. 暴雨天气客运组织

(1) 从小到大填写暴雨对车站客运组织安全的影响。

a. _____

b. _____

c. _____

d. _____

e. _____

(2) 暴雨天气客运组织流程。

序号	需要应对的情况	处置流程（责任岗位、工作任务）
1	下雨天气乘客将雨水带入地铁，未带伞乘客滞留车站出入口	
2	观察：雨水来不及排入下水道，出入口水位上升	
3	发现出入口水位上升，结合气象信息预测是否需要防洪	

续表

序号	需要应对的情况	处置流程(责任岗位、工作任务)
4	组织防洪	
5	确认站厅、站台排水不畅	
6	车站内水势威胁机电设备安全	
7	线路积水	
8	恢复现场	
9	恢复运营	

(3) 总结雨天客运组织原则。

a. _____
b. _____
c. _____
d. _____
e. _____

(4) 雨天防洪物资有哪些？如何储备？

a. _____
b. _____
c. _____
d. _____
e. _____

3. 暴雪天气客运组织

(1)暴雪天气客运组织流程。

序号	需要应对的情况	处置流程(责任岗位、工作任务)
1	雪天乘客将水带入地铁，地面温度降低	
2	观察：暴雪到来	
3	巡查站厅、线路	
4	维护站厅客流安全	

续表

序号	需要应对的情况	处置流程（责任岗位、工作任务）
5	维护线路安全	
6	暴雪结束，撤除防护、清理现场	

（2）总结除雪、防滑设备及其使用方法。

a. _____
b. _____
c. _____
d. _____
e. _____

拓展任务

选择一个车站，调查其天气晴好的工作日上午某个时段的客流量和客流特征（速度、方向冲突、密度），再选择一个雨天工作日的相同时段观察该车站的客流量和客流特征（速度、方向冲突、密度），撰写调查报告。

评价反馈

评分项目	分值	自我评价得分	教师评价得分
工作页已完成（全部完成10分，其余0分）	10		
了解车站不良天气影响特征	10		
掌握暴雨天气客流组织方法、流程	10		
掌握暴雪、积水时车站客流组织方法、流程	10		
能够严格按照岗位职责准确执行不良天气客流组织	10		
总分			

知识要点

一、不良天气

1. 不良天气对车站的影响分析

不良天气包括雨、雪、冰冻、高温等气象条件。

不良天气影响车站安全。雨雪天气导致车站地面潮湿、空气潮湿，乘客容易滑倒摔伤，空气湿度增加了电气设备火灾风险；积雪影响线路安全，需要及时处置；高温天气车站火灾风险提高。

不良天气影响车站客流量。因为在不良天气，路面行人、自行车出行受限，加上路线交通视线受影响，交通效率下降，地铁客流量会增加。雨雪天气乘客不可避免地将雨水带入车站地面，还会有乘客因未携带雨具滞留，增加车站管理难度。连绵的雨水可能引发车站积水或洪水倒灌，长时间的冰雪、冰冻天气影响线路安全和行车安全，增加车站安全管理难度。面对暴雨、暴雪等恶劣天气或车站已经积水等紧急情况，应当启动应急处置程序组织客流。

2. 不良天气客流组织方法

按照不良天气的影响程度，可以将客流组织方法分为以下几种：

（1）小雨、小雪天气客流组织方法：进站地面铺设防滑垫，车站地面清洁频率增加；加强地面巡视，发现潮湿及时通知保洁干燥地面；客服中心增设雨伞借用服务。

（2）中雨、中雪天气客流组织方法：进站口、进站通道地面铺设防滑垫，加强车站地面清洁干燥；加强地面巡视，发现潮湿及时通知保洁干燥地面；加强站内巡视，发现积水及时处置；客服中心、出入口增设雨伞借用服务。

（3）极端高温天气客流组织方法：出入口加设隔热帘；加强站内设备巡视，检查各房间尤其是大型设备用房内温度，注意防火；安检区、客服中心增设防暑便民小药箱。

（4）暴雨、暴雪天气客流组织方法：进站口、进站通道、安检通道铺设防滑垫；进站口配置防洪沙袋；加强车站地面巡视、干燥清洁；加强站内巡视，防止站台、线路积水；加强出入口、线路除雪除冰。

二、紧急情况客流组织流程

1. 暴雨天气客流组织

(1)行车值班员接到暴雨险情信息后,立即通知值班站长到现场确认,报 OCC、站长;确认出入口进水或即将进水,立即通知值班站长组织抢险,通知站务员、保安、保洁等协助搬运沙袋;必要时联系抢险应急队员,报 OCC;广播安抚乘客,提醒乘客小心滑倒;加强车站监控。

(2)值班站长接到通知后立即赶往现场确认情况,组织车站运营管理人员做好安全防护;确认出入口进水或即将进水,立即组织站务员、保安、保洁搬运沙袋围堵进站水流,通知行车值班员联系应急队员;客运值班员接到险情后立即赶往现场协助值班站长,根据安排做好乘客引导工作。

(3)厅巡岗发现出入口、站厅进水后立即报告行车值班员,站台岗发现站台、线路进水后立即报告行车值班员;厅巡岗接到险情通知后赶往现场,按照指示搬运沙袋抢险,做好乘客指引;站台岗接到险情通知后做好应急准备,维持现场秩序,做好乘客指引;保安保洁人员接到险情通知后赶往现场,按照指示搬运沙袋抢险。

(4)行车值班员发现或接报线路进水时立即通知值班站长;报 OCC、机电调度;现场不可控制时疏散站内乘客,必要时申请关站。

(5)值班站长确认站厅/站台/通道进水时立即组织清理,必要时用沙袋控制;确认线路进水报 OCC,并按照 OCC 指示处置;站厅/站台进水可能进入带电设备时通知相关专业人员进站处置;现场不可控时,组织现场乘客安全疏散,必要时关闭出入口或关闭车站。

(6)客运值班员根据值班站长命令做好清客、疏散、关站,安排出入口张贴告示、维护秩序;客服中心岗接到疏散通知后关闭票亭电源,按照流程组织疏散;厅巡岗、站台岗按照通知协助做好清客、疏散、关站。

(7)值班站长配合抢险人员抢险,水位可控制时,抢险完毕报行车值班员,行车值班员报行车调度员,请求恢复运营;水位得到控制后,值班站长组织车站运营管理人员清理现场,准备恢复运营。

2. 暴雪天气客流组织

(1)行车值班员接到暴雪险情后立即通知值班站长到现场确认,报 OCC、站长;接 OCC 启动暴雪应急处置程序指令后报值班站长;循环播报防滑提醒;加强车站监控,发现险情立即报值班站长;必要时联系应急队员支援。

(2)值班站长接行车值班员传达的暴雪应急处置程序启动指令后组织扫雪、除冰;安排出入口、通道、站外垂直电梯等湿滑地点做好防护措施,加强乘客引导疏散;客运值班员接到通知后立即准备铲雪锹、大扫帚、盐等备品赶赴现场,在重点区域摆放警示标识,引导疏散乘客;厅巡岗接到通知后协助客运值班员做好警示,在关键位置撒盐防结冰,协助引导疏散乘客;站台岗接通知后做好抢险准备,提醒乘客注意地面湿滑,协助客运值班员工作;保安保洁接到通知后赶到车控室听从行车值班员安排,协助做好警示、扫雪、除冰工作。

(3)值班站长组织车站运营管理人员做好出入口、通道扫雪、除冰工作。

(4)行车值班员做好现场监控,做好信息传递,视情况报 OCC、联系车站各岗位和救援部门,及时向行车调度员报告现场处置情况,接到行车调度员暴雪应急处置程序中止命令后立刻报值班站长。

(5)值班站长接到暴雪应急中止命令且完成扫雪、除冰后通知各岗位撤除防护、清理现场。

3. 线路积水客流组织

(1)行车值班员接到险情后立即通知值班站长到现场确认,报 OCC、站长,通知各岗位;根据 OCC 的调整指令循环播放广播引导乘客;加强监控;必要时联系应急队员支援。

(2)值班站长接线路积水通知后通知各岗位启动线路积水应急程序,关闭区间水阀,组织乘客往正确方向乘车,安排厅巡员、保安、保洁做好乘客引导工作并张贴告示;客运值班员接到通知到现场组织乘客乘车;客服中心岗接到通知到现场组织乘客乘车;厅巡岗、站台岗、保安保洁接到通知到现场组织乘客乘车;发现客伤报车控室。

(3)行车值班员将行车调度员发布的晚点信息传达至各岗位,做好乘客广播。抢修人员进站后报 OCC,办理抢修记点;观察客流变化,及时报告 OCC、站长、值班站长;发现积水进入机电设备时及时报告 OCC、机电工班,申请支援;发现乘客积压及时汇报 OCC 采用公交接驳。

(4)列车延误时间过长,客运值班员组织客服中心岗做好退票工作,采用公交接驳时做好接驳组织和客流管控组织;厅巡岗做好客流引导,必要时设置铁马,站台岗做好乘客排队候车组织。

(5)积水得到有效控制时,值班站长组织各岗位恢复运营;行车值班员报 OCC、站长;各岗位检查后恢复场地、恢复运营。

项目 6
特殊客运服务

任务 1 客伤处理

扫码查看
项目资源

学习目标

1. 知识目标:
- 了解客伤事件的概念和产生原因;
- 掌握处理客伤事件时各岗位的职责;
- 掌握客伤事件的处理原则和处理程序。

2. 技能目标:
- 发生乘客伤亡时,站务员能够及时汇报并保护好现场;
- 发生乘客伤亡时,客运值班员能够及时救护伤员、开展调查取证并做好记录;
- 发生乘客伤亡时,值班站长能够组织人员确保救护伤员和维持车站运营秩序。

3. 素质目标:
- 培养良好的岗位安全意识和职业素养;
- 培养安全第一、以人为本的服务意识。

发布任务

城市轨道交通具有运行速度快、可靠性高、舒适、便利等优点。城市轨道交通运营网络规模化带来了客流的急速增长,客伤事故数量也呈上升趋势。值班站长接到客伤事件报告后,应迅速组织人员赶赴现场。

落实任务

1. 岗位:站务员

(1)发现客伤情况,立即报行车值班员。

序号	汇报内容	是否汇报
1	车站名称	是□ 否□
2	客伤事件发生的时间、地点	是□ 否□

续表

序号	汇报内容	是否汇报
3	客伤事件发生的原因	是□ 否□
4	受伤人数、性别、年龄、受伤情况	是□ 否□
5	对运营造成的影响	是□ 否□
6	现场采取的处置措施	是□ 否□

(2)现场处理。

序号	处理内容	是否完成
1	若存在设备故障,立即停运设备	是□ 否□
2	对受伤乘客进行安抚	是□ 否□
3	寻找两名目击证人并交客运值班员处理	是□ 否□
4	疏散围观群众	是□ 否□
5	保护现场,维持现场秩序	是□ 否□
6	做好相关设备防护和乘客服务工作	是□ 否□

2. 岗位:客运值班员

(1)选择携带工具。

序号	工具	是否携带
1	急救箱	是□ 否□
2	对讲机	是□ 否□
3	隔离带	是□ 否□
4	录音笔	是□ 否□
5	担架	是□ 否□
6	警示牌	是□ 否□
7	照相机	是□ 否□

(2)现场处理。

序号	处理内容	是否完成
1	携带工具赶至现场	是□ 否□
2	协助值班站长救助伤员	是□ 否□
3	如有必要,到指定出入口接应120急救人员	是□ 否□

续表

序号	处理内容	是否完成
4	询问当事人、证人,了解事件经过,拍照取证	是□ 否□
5	填写"客伤事故调查表",并由当事人、证人签字确认	是□ 否□
6	配合维修人员、车站公安进行调查	是□ 否□
7	做好相关设备防护和乘客服务工作	是□ 否□

(3)填写客伤事故调查表。

日期		时间		地点	
	当班值班站长			记录人	
事件概况及处理意见				当事人签名：_____ 证人签名：_____	
当事人资料	姓名		性别		联系电话	
	通信地址				证件名称及号码	
证人资料	姓名		性别		联系电话	
	通信地址				证件名称及号码	

3. 岗位:行车值班员

序号	处理内容	是否完成
1	立即报行车调度员	是□ 否□
2	如有必要,请求120和地铁公安支援	是□ 否□
3	通过监控观察现场,加强与值班站长、行车调度员的联系	是□ 否□
4	加强人工广播,做好运营准备工作	是□ 否□

4. 岗位：值班站长

序号	处理内容	是否完成	
1	迅速组织人员赶到现场	是☐	否☐
2	安抚乘客，了解家属联系方式，通知行车值班员与其家属联系	是☐	否☐
3	安排人员对伤口进行初步处理	是☐	否☐
4	如有必要，安排行车值班员拨打120	是☐	否☐
5	120到达后，与其做好交接，配合救援	是☐	否☐
6	配合维修人员、地铁公安进行调查	是☐	否☐
7	确认调查结束，故障修复	是☐	否☐
8	组织人员清理现场，恢复运行	是☐	否☐

拓展任务

学习心肺复苏术，写出心肺复苏操作程序。

评价反馈

评分项目	分值	自我评价得分	教师评价得分
工作页已完成（全部完成10分，其余0分）	10		
了解客伤处理的规章制度	10		
掌握发生客伤事故时值班站长的现场组织能力	10		
掌握发生客伤事故时客运值班员的救护和取证能力	10		
掌握发生客伤事故时站务员的汇报和现场保护能力	10		
总分			

知识要点

一、客伤事件

客伤事件是指在地铁列车运输过程中或在站厅、站台、地铁拥有产权的通道、出入口等范围内出现的乘客（包括非在岗作业的地铁员工）伤亡事件。

二、客伤事件产生的原因

(1)人为因素:包括因乘客未遵循安全乘车规则或自身疾病造成的人身伤亡和因地铁员工工作措施不当或疏忽造成的乘客伤亡。
(2)设备因素:因屏蔽门、闸机、电扶梯等车站设备异常或故障造成的乘客伤亡。
(3)社会因素:因破坏分子、车站火灾、车站有毒气体侵害等造成的乘客伤亡。
(4)自然因素:因强降雨、强台风、地震等自然因素产生事故造成的乘客伤亡。

三、客伤事件处理的岗位职责

1. 站务员
①立即赶到现场,向行车值班员报告;
②若存在设备故障,立即停运设备;
③及时确认伤(亡)者位置及伤亡情况,需要时,对伤者外伤进行简单救护;
④疏散围观乘客,寻找并挽留2名目击证人;
⑤设置隔离带,保护好现场。

2. 行车值班员
①立即报告行车调度员、值班站长、站长;
②视情况请求急救中心和地铁公安支援;
③通过CCTV观察现场,与事发现场保持双向沟通,密切注意运营情况,确保行车安全;
④尽量与乘客家属取得联系;
⑤加强人工广播,做好运营恢复的准备工作。

3. 客运值班员
①携带应急物品赶到现场;
②必要时对伤者进行简单救护;
③如有必要,到出入口接应120急救人员;
④做好现场取证工作,填写"客伤事故调查表";
⑤保护好现场,并配合事故调查。

4. 值班站长
①立即赶到现场,疏散围观乘客;
②安抚伤者并与伤者进行沟通,了解情况;
③根据乘客伤势安排车站运营管理人员进行简单救助或拨打120急救电话;
④安排车站运营管理人员保护好现场并做好目击证人取证工作;
⑤如涉及设备故障,通知维修部门到现场处理;
⑥组织车站运营管理人员清理现场,恢复运营;
⑦汇总资料,上报车务部和安技部。

四、客伤的处理原则

(1)现场处理应当本着以人为本的原则,优先抢救伤者,及时将伤者送医院救治。

(2)现场处理应当确保伤者、车站运营管理人员的人身安全,避免发生二次伤害。

(3)现场处理应当第一时间进行取证,尽可能得到旁证及当事人签字确认。

(4)现场处理应当疏散围观乘客,维持好现场秩序。

(5)现场处理应当尽快出清线路,恢复行车运营。

五、客伤的处理流程

(1)车站运营管理人员发现或接到受伤乘客求救时,应立即报告并赶赴现场,了解伤者情况及受伤原因,视情况拨打120和请求车站公安援助。

(2)如因地铁设备造成事故,应立即停止该设备运作,并报告车站控制室。

(3)疏散围观群众,寻找目击证人,收集、记录有关证人资料,保护好现场。

(4)必要时,对伤者外伤进行简单的包扎处理。

(5)必要时,根据值班站长安排,车站运营管理人员到紧急出入口引导急救中心人员进站。

(6)必要时,协助警方进行事故调查。

> **拓展阅读**
>
> **心肺复苏术**
>
> 2019年4月18日上午,西安交通大学第一附属医院重症医学科将急救科普课堂搬进地铁四号线含元路口站,为车站运营管理人员奉献了一堂生动的心肺复苏急救培训课。
>
> 心肺复苏术简称CPR,是针对心脏、呼吸骤停者所采取的急救措施,即胸外按压形成暂时的人工循环并恢复自主搏动,采用人工呼吸代替自主呼吸。心肺复苏的抢救时间只有"黄金4~6分钟"。
>
> 心肺复苏术的操作流程:
>
> 1.评估患者的意识、呼吸、脉搏等:在确认现场安全的情况下轻拍患者双肩,并在耳边大声呼喊,检查患者是否还有呼吸。
>
> 2.安置病人体位:进行CPR之前,首先将患者仰卧位放到硬质的平面上。
>
> 3.胸外按压C:急救者可采用跪式或踏脚凳等不同体位,将一只手的掌根放在患者胸骨中下1/3交界处(见图6-1),将另一只手的掌根置于第一只手上,手指不接触胸壁。按压时双肘须伸直,垂直向下用力按压,成人按压频率为100~120次/min,下压深度5~6 cm,每次按压之后应让胸廓完全回复。按压时间与放松时间各占50%左右,放松时掌根不能离开胸壁,以免按压点移位。对于儿童患者,用单手或双手于乳头连线水平按压胸骨,对于婴儿,用两手指于紧贴乳头连线下放水平按压胸骨。为了尽量减少因通气而中断胸外按压,对于未建立人工气道的成人,2010年国际心肺复苏指南推荐的按压—通气比例为30∶2,对于婴儿和儿童,双人CPR时可采用15∶2的比例。
>
> 4.开放气道A:查看口腔内有无异物,若存在异物,将头侧向一侧后用手指拿出。用头后仰—抬下颌法翻开气道。
>
> 5.人工呼吸B:给予人工呼吸前,正常吸气即可,无须深吸气;所有人工呼吸都要持续吹气1秒以上,保证有足够量的气体进入并能使胸廓抬起。

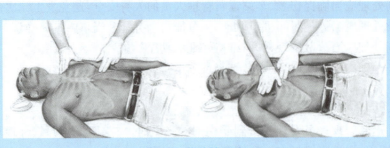

图 6-1　胸外按压法

 案例分析

男子强行上车头被夹

2018年6月6日16时许,一名男子在上海人民广场站乘坐地铁八号线时,因未听到列车关门提示,在上车时,头被车门夹伤。经医院诊断为头部外伤。经查,据地铁监控录像显示,在男乘客上车时,站台屏蔽门已开始关闭。

事件原因分析:

(1)事发时列车正在关门作业,列车警示用蜂鸣器同步响起,提醒乘客列车车门即将关闭,乘客在车门即将关上之际强行上车。事件中屏蔽门上方的指示灯正常,屏蔽门上也张贴了相关安全提示标识,因此,该事件责任不在地铁运营公司。

(2)乘客违反《上海市轨道交通管理条例》,强行上车,是造成事件的主要原因。

事件处理措施:

(1)在确认此事件责任不在地铁运营公司的前提下,与乘客进行协商,给予一定的经济补偿。

(2)签订客伤处理协议,约定补偿后双方不再在经济等各方面发生任何关系。

 案例分析

女子被坠物砸伤

2010年8月24日,在北京地铁1号线建国门站站台上,一名候车的女乘客被掉落的天花板砸伤头部,事发后,车站运营管理人员和地铁公安迅速赶到,对女乘客进行询问,伤者表示自己无法行动。随后,她被车站运营管理人员带往休息室,后被送至附近医院。

事件原因分析:

在车站运营时间内,乘客在正常候车的情况下被站台掉落的天花板砸伤,此事件责任在地铁运营公司。

事件处理措施:

(1)在确定此事件应由地铁运营公司承担全部责任的前提下,与乘客进行协商,负责伤者医药费,并给予适当的经济补偿。

(2)签订客伤处理协议,约定补偿后双方不再在经济等各方面发生任何关系。

任务2　屏蔽门有异物处理

学习目标

1. 知识目标：
- 了解屏蔽门的门体结构；
- 掌握屏蔽门的控制方法；
- 掌握屏蔽门隔离、互锁解除的操作方法；
- 掌握屏蔽门有异物的处理方法。
2. 技能目标：
- 站务员能按流程处理屏蔽门异物故障；
- 值班站长能组织和指挥人员处理屏蔽门异物故障。
3. 素质目标：
- 培养良好的岗位安全意识和职业素养；
- 培养安全第一、以人为本的服务意识。

发布任务

屏蔽门是隔离站台候车区与轨行区的重要安全设施，城市轨道交通的屏蔽门基本实现了与车门的同步开关，屏蔽门有异物时，将影响乘客上下车和列车进出站。为了减少对运营的影响，车站运营管理人员要在保证安全的前提下，快速做出初步处理，尽量让列车恢复运行，之后再处理和维修，确保列车正常运行。

落实任务

1. 岗位：站台岗

（1）选择携带工具。

序号	工具	是否携带	
1	故障纸或故障帘	是☐	否☐
2	铁马	是☐	否☐
3	对讲机	是☐	否☐
4	PSL钥匙	是☐	否☐
5	屏蔽门钥匙	是☐	否☐
6	LCB钥匙	是☐	否☐
7	喊话器	是☐	否☐

(2)了解现场情况。

序号	内容	情况	是否完成
1	屏蔽门	检查是否有异物	是□ 否□
		异物情况	是□ 否□
		检查异物是否可清除	是□ 否□
		尝试是否能手动关闭	是□ 否□
2	乘客	观察客流量大小	是□ 否□
		是否已完成乘降	是□ 否□
		是否存在夹人	是□ 否□
3	车门	是否已关闭	是□ 否□

(3)现场处理。

序号	处理内容
A	查看故障门异物情况
B	列车离站后,在故障门上张贴故障纸,如故障门无法关闭,在故障门处设防护
C	发现屏蔽门故障立即报行车值班员
D	尝试清除异物,若能清除,屏蔽门自动关闭;若不能自动关闭,手动关闭屏蔽门
E	至故障门了解情况,做好乘客引导
F	确认站台安全后向司机显示"好了"信号
G	如异物无法立即排除,屏蔽门无法关闭,隔离屏蔽门,完成后报行车值班员

将处理内容按行动流程进行正确排序:

C→　　→　　→　　→　　→　　→　　→

2. 岗位:值班站长

序号	处理内容	是否完成
1	安排人员做好乘客引导	是□ 否□
2	安排人员加强站台巡视	是□ 否□
3	执行PSL互锁解除直至故障修复	是□ 否□
4	维修人员到场后,协助维修	是□ 否□
5	故障修复后,通知恢复正常	是□ 否□

拓展任务

画出屏蔽门有异物处理流程图。

评价反馈

评分项目	分值	自我评价得分	教师评价得分
工作页已完成(全部完成10分,其余0分)	10		
了解屏蔽门故障处理的规章制度	5		
掌握站务员处理异物事件要携带的工具	10		
掌握站务员现场处理的行动流程	15		
掌握值班站长现场组织和指挥的内容	10		
总分			

知识要点

一、屏蔽门的门体结构

屏蔽门系统包括机械和电气两部分,机械部分由门体结构和门机结构组成,电气部分由电源系统和控制系统组成。屏蔽门的门体主要有固定门、滑动门、应急门和端门四种,如图6-2所示。

二、屏蔽门的控制方式

屏蔽门的开关控制共分五级,优先权从低到高依次为:由信号系统(SIG)对屏蔽门进行开关控制、由就地控制盘(PSL)对屏蔽门进行开关控制、由综合监控后备盘(IBP)对屏蔽门进行开关控制、由就地控制盒(LCB)对屏蔽门进行开关控制、手动操作屏蔽门的开关。

1. 信号系统对屏蔽门的开关控制

在正常的运行状态下,列车到站并停在规定范围内时,控制命令经信号系统发送至中央

图 6-2　屏蔽门门体

控制盘,中央控制盘向门控器发出控制命令,门控器自动控制滑动门开关,实现屏蔽门的系统级控制操作。

2. 就地控制盘对屏蔽门的开关控制

就地控制盘位于站台端门处,可控制单侧屏蔽门。当系统级控制不能正常实现时,列车司机在控制盘上对单侧屏蔽门进行开关操作,控制命令经安全继电器通过门控器进行控制,实现屏蔽门的站台级控制操作。

3. 综合监控后备盘对屏蔽门的开关控制

综合监控后备盘位于车站控制室内。在紧急情况下,通过综合监控后备盘进行屏蔽门开关控制。

4. 就地控制盒对屏蔽门的开关控制

就地控制盒安装在每道滑动门上,可以实现单个滑动门的开关、隔离和自动控制。

5. 手动操作控制方式

当控制系统电源故障或个别屏蔽门操作机构发生故障时,站台岗在站台侧用钥匙或乘客在轨道侧用开门把手打开滑动门。

三、屏蔽门有异物的处理流程

屏蔽门在关闭过程中碰到障碍物,会立即停止关闭并重新打开到预先设定的宽度,延迟一定时间后尝试重新关闭,若障碍物没有清除,屏蔽门再次打开,多次关闭再重开后会打开到最大宽度,同时发出警报声。站台岗接到报警后需处理异物,其流程为:

(1)站台岗发现屏蔽门有异物,立即报车站控制室。

(2)值班站长接车站控制室报告后,立即赶赴现场。

(3)加强站台安全巡视,疏导乘客,尝试清理障碍物。

(4)障碍物清除后,通知司机重新关闭屏蔽门,待车门和屏蔽门关闭,确认车门与屏蔽门间无异物后,站台岗向司机显示"好了"手信号。

(5)若障碍物无法清除,或障碍物清除后屏蔽门仍无法关闭,将屏蔽门隔离,待车门关闭,确认车门与屏蔽门间无异物后,站台岗向司机显示"好了"手信号。

(6)列车出站后,在故障门上张贴故障纸,并拉安全带做好防护,加强乘客引导。

> **拓展阅读**

屏蔽门防夹装置

随着城市轨道交通的快速发展,地铁已经成为市民出行的主要交通工具。地铁屏蔽门作为车站的重要设备,具有安全、节能、降噪等作用。但是在地铁运营过程中,屏蔽门夹人而导致乘客受伤甚至死亡的事件屡见不鲜,因此,各种屏蔽门防夹装置应运而生。

一、防夹挡板

防夹挡板安装在屏蔽门的滑动门内侧,高约 60 厘米,宽约 15 厘米,安装时将防夹挡板与滑动门铰接构成刚体,如图 6-3。在地铁正常运营时,当防夹挡板在屏蔽门关闭时夹住障碍物,屏蔽门将根据系统要求停止关闭动作,打开后再次尝试关闭,直至障碍物被移除。

图 6-3 防夹挡板

二、软光管

软光管安装在站台尾部,位于列车和屏蔽门之间的间隙位置。列车发车前,司机若能看到软光管的灯光,说明列车与屏蔽门之间没有夹人夹物,即可启动列车。软光管仅适用于直线站台。

三、红外光幕系统

红外光幕系统由红外光信号发射端、信号接收端和控制核心组成,其中发射端和接收端安装在各个滑动门的两侧,控制核心安装于站台端头控制盒内。根据设计方案不同,光幕系统可在屏蔽门关闭期间或是关闭后、送出闭锁信号之前工作。前者当屏蔽门关闭期间有乘客出现在两扇门之间,光幕将先于门体夹住乘客之前探测到乘客并通过系统停止滑动门关闭动作,至乘客离开后光路导通,滑动门再次关闭;后者于滑动门关闭后启动检测,当探测到屏蔽门与列车门之间有障碍物阻断光路,光幕系统将发出警报并切断发车信号,直至障碍物被移除。

四、激光探测

激光探测防夹装置主要由激光发射端、激光接收端、报警主机、辅助报警器及辅助装置构成。若列车门与屏蔽门之间有障碍物,则激光接收端接收不到完整激光,此时位于驾驶室的报警主机报警,司机得到报警后进行动作,同时辅助报警装置报警,提醒站台岗及时处理。

任务 3　处理乘客投诉

学习目标

1. 知识目标：
- 了解乘客投诉的原因和类型；
- 了解乘客投诉的心理；
- 掌握乘客投诉处理的原则、基本步骤和技巧。

2. 技能目标：
- 能够根据乘客描述正确判断投诉的类型；
- 能够判断乘客投诉的心理期望；
- 能够合理使用乘客投诉处理的技巧，缓解乘客的不满情绪，快速、有效、圆满地解决乘客的投诉。

3. 素质目标：
- 树立乘客至上、服务为本的思想；
- 树立公平、公正、合理的服务意识；
- 坚持用良好、健康的心态对待每一位乘客、每一件投诉。

发布任务

城市轨道交通运营企业作为服务性行业，不可避免会受到投诉。正确认识、妥善接待和处理投诉是良好的企业形象和管理服务水平的体现。车站运营管理人员接到乘客投诉后，应第一时间处理乘客投诉。

落实任务

(1) 耐心倾听，记录乘客投诉，判断以下做法"要"或"不要"。

序号	做法		
1	表示出不满或不耐烦	要☐	不要☐
2	用心倾听乘客叙述，可以适当插入"我理解、我明白"等	要☐	不要☐
3	耐心听完乘客叙述，如果有不明白的地方，等乘客说完后，以委婉的语气请乘客提供情况，如："对不起，是不是可以向您请教……"等	要☐	不要☐
4	态度冷漠，对乘客的话没有回应	要☐	不要☐
5	适当安抚乘客情绪，如"请您不要着急""您先消消气"等	要☐	不要☐
6	请乘客坐下并及时给乘客倒水	要☐	不要☐
7	未等乘客说完，粗暴地打断乘客	要☐	不要☐

(2)判断投诉类型。

序号	投诉内容	类型
1	设备因故障暂停使用,没有张贴"设备故障,暂停使用"的标志	有责投诉☐ 无责投诉☐
2	乘客携带超大件行李上车,遭车站运营管理人员阻止	有责投诉☐ 无责投诉☐
3	没有按照售票作业程序售票导致票款差错	有责投诉☐ 无责投诉☐
4	车站内环境脏乱差或出现乞讨卖艺等情况	有责投诉☐ 无责投诉☐
5	由于列车故障或由于突发事件导致列车晚点	有责投诉☐ 无责投诉☐
6	乘客使用伪造证件购买优惠票遭拒绝	有责投诉☐ 无责投诉☐
7	车站运营管理人员未能及时、礼貌、耐心地解答乘客的问题或帮助有困难的乘客	有责投诉☐ 无责投诉☐
8	乘客对服务期望过高	有责投诉☐ 无责投诉☐
9	对乘客有推、拉、打、踢等粗暴行为	有责投诉☐ 无责投诉☐
10	列车行驶不平稳,造成乘客受伤	有责投诉☐ 无责投诉☐
11	车站运营管理人员在工作时间内,在工作岗位做与工作无关的事	有责投诉☐ 无责投诉☐
12	不按规定播放广播或播放不及时	有责投诉☐ 无责投诉☐

(3)真诚道歉,判断以下做法"要"或"不要"。

序号	做法	
1	无论车站运营管理人员是否有责任,都应向乘客道歉	要☐ 不要☐
2	适当地表示道歉,如"对不起,给您添麻烦了""我们非常抱歉听到此事"等	要☐ 不要☐
3	认为车站运营管理人员的行为没有错误,拒绝道歉	要☐ 不要☐
4	道歉态度诚恳,如"对不起,耽误您宝贵的时间了"等	要☐ 不要☐
5	道歉语气生硬,或肢体语言表现出不乐意或不耐烦	要☐ 不要☐

(4)协商解决,判断以下做法"要"或"不要"。

序号	做法	
1	强调客观原因,极力辩解,推卸责任,避重就轻	要☐ 不要☐
2	尽快平复乘客的不满情绪,如"我很理解您的想法"等	要☐ 不要☐

续表

序号	做法		
3	指责乘客行为不当,揪着乘客责任不放	要□	不要□
4	主动提出建议和解决方法	要□	不要□
5	向乘客耐心解释地铁运营公司的相关规定	要□	不要□
6	提出解决方案时,语调平和,态度诚恳	要□	不要□
7	在协调解决时,不要说"不",如"我不能""我不会"等	要□	不要□
8	敷衍乘客,以地铁运营公司规定为借口拒绝乘客的要求	要□	不要□
9	如不能在规定时间内给出解决方案(如需鉴定、检测、收集资料等),须告知乘客,确定解决时间	要□	不要□

(5)采取措施,判断以下做法"要"或"不要"。

序号	做法		
1	说到做到,快速落实解决措施	要□	不要□
2	拖延时间,乘客不催不落实	要□	不要□
3	如被投诉车站运营管理人员不在场,采取电话道歉或书面道歉	要□	不要□
4	对不能立即落实的措施,须坦诚告知乘客,并将落实进度反馈给乘客	要□	不要□

(6)感谢乘客,判断以下做法"要"或"不要"。

序号	做法		
1	对乘客表示感谢,如"非常感谢您的建议""谢谢您的配合"等	要□	不要□
2	怠慢乘客,自己先行离开	要□	不要□
3	必要时送乘客出站,让乘客体会到重视	要□	不要□

拓展任务

搜集乘客非正常投诉的特征、手段和处理方法。(非正常投诉是指在非正常心理的驱使下,以投诉为职业,以谋利为目的,设置陷阱,引诱失误的投诉。)

非正常投诉的特征	

续表

非正常投诉的手段	
非正常投诉的处理	

评价反馈

评分项目	分值	自我评价得分	教师评价得分
工作页已完成（全部完成10分,其余0分）	10		
了解处理乘客投诉的流程	5		
掌握乘客投诉的原因	5		
掌握乘客投诉的类型	5		
掌握乘客投诉的心理期待	5		
掌握处理乘客投诉的原则	10		
掌握处理乘客投诉的技巧	10		
总分			

知识要点

一、乘客投诉的原因

乘客乘坐轨道交通时,对出行本身和地铁运营公司的服务等期望无法满足时,产生抱怨和不满而提出诉愿,这就是乘客投诉。投诉的原因归纳起来主要有以下几个方面：

(1)设备设施故障影响出行；

(2)车站运营管理人员态度不佳,服务质量不高；

(3)乘客不了解企业规章制度；

(4)乘客对企业服务的衡量标准与企业不同。

二、乘客投诉的类型

1. 按乘客的表达方式分类

①当面口头投诉:以口头方式向车站运营管理人员当面进行投诉。

②书面投诉:通过意见箱、信件、电子邮件等进行投诉。

③电话投诉:通过热线电话、投诉电话等进行投诉。

2. 按投诉的内容分类

规范服务投诉、列车运行投诉、乘车环境投诉、票款差错投诉、设备故障投诉等。

3. 按投诉的性质分类

①有责投诉:在轨道交通运营服务中由于运营服务的不足或设备设施、服务环境、商业资源、安检等原因造成乘客利益受损或造成一定程度的负面影响,经过调查属实且相关部门或车站运营管理人员负有责任的乘客投诉。

②无责投诉:在轨道交通运营服务中由于不可抗力因素导致的服务失误或由于乘客自身原因而引起的乘客投诉。

三、乘客投诉的心理

处理乘客投诉的过程就是充分了解和满足乘客的要求,因此处理乘客投诉时根据乘客投诉的心理需求进行分析,对症下药,可以达到事半功倍的效果。乘客投诉的心理需求可归纳为:

(1)希望得到尊重和道歉。在乘车过程中,乘客作为消费者,希望投诉能得到他人的尊重、信任和支持,希望当事人能表示歉意。

(2)希望得到赔偿或补偿。在乘车过程中,由于地铁运营公司或车站运营管理人员原因使乘客遭受物质上的损失或精神上的伤害,乘客要求赔偿,以弥补他们的损失。

(3)希望相关人员得到处罚。在乘车过程中,乘客对车站运营管理人员的服务不满,就会投诉,并希望当事人得到处罚。

四、乘客投诉处理的原则

1. "安全第一,乘客至上"原则

"安全第一,乘客至上"是指在保证地铁安全的前提下,车站运营管理人员应最大限度地满足乘客需求。

2. "不推脱责任"原则

乘客选择投诉时通常认为自己没有错,希望车站运营管理人员给予心理安慰并重视他的投诉。面对乘客的投诉和不满情绪,车站运营管理人员首先要反思自己的不足,向乘客道歉,只有表明了这种态度,才能更好地处理乘客投诉。

3. "先处理感情,后处理事务"原则

乘客在投诉时心怀不满、情绪激动,车站运营管理人员在处理投诉时要先关注当事人的心情,平息乘客的怒气,然后再想办法帮助乘客解决问题。

4. "包容乘客"原则

包容乘客是指车站运营管理人员对乘客的错误行为给予理解和宽容。车站运营管理人员发现乘客的行为违反规定时,可善意地提醒乘客,避免让乘客难堪。与乘客争论对错的处理方式,会引发投诉升级。

5. "易人、易地处理"原则

当现场投诉处理升级,乘客与首位接待车站运营管理人员无法进行进一步沟通时,需由更高职位的人员到现场处理,并将乘客请到会议室或僻静处沟通,避免矛盾升级。

五、乘客投诉处理的思路及技巧

1. 耐心倾听
乘客讲述诉求时,要用心、耐心倾听,切记不要轻易打断乘客。在倾听过程中要运用眼神、表情或语言适当进行回应、表示认同和安抚乘客情绪。

2. 真诚道歉
当乘客抱怨或投诉时,无论车站运营管理人员是否有责任,都要诚心向乘客道歉。尤其是车站运营管理人员确实有过失的情况下,更应该马上道歉,如:"很抱歉,由于我们的疏忽,给您的出行带来了不便。"

3. 协商解决
在了解清楚乘客投诉的原因和想法后,车站运营管理人员要礼貌地提出建议和解决方案。在协商解决时不要推卸责任,指责或敷衍乘客。

4. 采取措施
乘客同意解决方案后,车站运营管理人员要快速采取措施,以免因耽误时间再次引起乘客的不满或引起乘客改变之前协商好的解决方案。

5. 感谢乘客
对乘客的投诉一定要表示感谢,感谢乘客的监督与批评指导,必要时可送乘客到站台或出站。

 案例分析

员工号是我们的标志

某日,一名女乘客到客服中心充值,因打印机反应较慢,乘客又赶时间,充值后看到客服中心人员未佩戴员工号,随口问了一句:"你的员工号呢?"客服中心人员不耐烦地回答:"我没员工号。"对此,乘客很不满,投诉:地铁作为一个服务行业,员工竟然没有员工号。

投诉原因分析:

(1)客服中心人员是一名新员工,暂未配发员工号,但没有按要求佩戴胸卡代替员工号,是引起乘客投诉的主要原因。

(2)客服中心人员服务意识欠缺,当乘客提出疑问时,没有耐心地向乘客解释。

投诉处理技巧:

(1)微笑服务,并向乘客表示歉意:"不好意思,我是新员工,暂时还没有员工号,有什么不周到的地方请您谅解。"

(2)车站运营管理人员遇到有乘客询问工作以外的事时应有敏感度或者应礼貌地问:"您好!请问我有什么不周到的地方吗?"降低乘客的不满。

改善及建议:

乘客因不了解地铁运营公司的相关制度而引起疑问或不满时,车站运营管理人员不能一味强调客观因素,强调自己没有责任,要耐心地向乘客进行解释,并表示歉意。

任务 4　乘客遗失物品处理

学习目标

1. 知识目标：
- 了解乘客遗失物品的概念和处理规定；
- 掌握乘客遗失物品的处理流程；
- 掌握乘客遗失物品的存放、保管和认领；
- 掌握无人认领物品的处置。

2. 技能目标：
- 能够按照乘客遗失物品处理流程帮助乘客及时找回地铁内遗失的物品；
- 站务员能够依据规章制度完成遗失物品的收集、登记等；
- 值班站长能够依据规章制度完成遗失物品的核实、保管、招领、上缴等。

3. 素质目标：
- 培养强烈的乘客至上、服务第一的职业意识；
- 培养拾金不昧的优良品质，弘扬中华民族传统美德。

发布任务

城市轨道交通车站客流量大，人员密集，遗失物品种类多、数量大。快速处理遗失物品，帮助乘客及时找到遗失物品，是城市轨道交通系统重要的客运服务之一。车站运营管理人员收到遗失物品后，应立即按照规定流程处理物品。

落实任务

1. 岗位：客运值班员

（1）遗失物品登记。

序号	拾遗时间	拾遗地点	物品名称	物品数量	物品特征	拾物人姓名	拾物人电话	经办人	备注

(2)根据遗失物品类型判断处理方式。

物品名称	物品特征	处理方式	移交部门	备注
雨伞、衣服、钥匙		认领□ 移交□		
文件	有"绝密"字样	认领□ 移交□		
现金	5000元	认领□ 移交□		
硫酸		认领□ 移交□		
无包装食品		认领□ 移交□		

2. 岗位:值班站长

(1)遗失物品公告。

序号	物品名称	捡拾时间	捡拾地点	物品状态

(2)遗失物品交接。

日期:_____ 上交部门:_____ 上交人:_____ 接收部门:_____ 接收人:_____

序号	物品名称	捡拾时间	拾遗地点	物品特征	备注

(3)遗失物品认领。

日期		地点	
证件名称		证件号码	
物品名称			
物品特征及明细			
备注			
经办人 （签名）		认领人及电话 （签名）	

> **拓展任务**

画出处理乘客遗失物品的流程图。

评价反馈

评分项目	分值	自我评价得分	教师评价得分
工作页已完成(全部完成10分,其余0分)	10		
掌握车站遗失物品的处理流程	10		
掌握不同类型遗失物品的处理规定	10		
掌握遗失物品的登记程序	5		
掌握遗失物品的公告程序	5		
掌握遗失物品的交接程序	5		
掌握遗失物品的认领程序	5		
总分			

知识要点

一、遗失物品

乘客遗失物品是指电客车司机、车站运营管理人员、乘客等在城市轨道交通运营场所拾到的他人遗留的各类有形和有价的物品。

二、一般遗失物品的处理流程

(1)遗失物品由车站值班员与拾获人共同清点后,在"车站遗失物品登记本"上登记,写明物品的名称、数量、详细特征以及拾获的时间、地点、拾物人姓名,登记完毕,值班员根据登记内容填写"车站遗失物品登记单",一式三份(一份交拾物人、一份交安保部、一份留存备查)。

(2)根据"车站遗失物品登记单"填写"失物标签"并粘贴在失物上。

(3)有失主联系资料的,通知失主到车站认领失物;无失主联系资料的,车站对失物进行妥善保管。

(4)当日如无失主认领失物,车站按规定将遗失物品交失物处理中心,并办理签收手续。

(5)失物处理中心对普通遗失物品保管期限为三个月,对贵重物品保管期限为半年,超过期限如无人认领,做无主失物处理,有价物品折价后将钱款交财务部,无价物品做销毁处理。

三、特殊遗失物品的处理流程

1. 信件、文件

①有"特快专递""挂号""机密""绝密"等字样或未付邮资的信件、文件填写"车站遗失物品登记单"后立即移交地铁车站公安签收处理;

②已付邮资的一般信件由车站代为投寄;

③其他信件、文件按照一般失物处理。

2. 现金及有价票据

①2000元（各运营公司规定不同）以内的现金，由车站值班站长与客运值班员双人核实，填写"车站遗失物品登记单"后装入信封密封，加盖个人私章后妥善保管。当日无人认领时，随"车站遗失物品登记单"移交失物处理中心。

②对现金总额在2000元以上及有价票据总额在2000元以上的，在填写"车站遗失物品登记单"后立即移交地铁车站公安签收处理。

3. 危险品和违禁品

枪支、弹药、汽油、硫酸以及其他易燃、易爆、易腐蚀、剧毒物品等危险品和违禁品，在填写"车站遗失物品登记单"后立即移交地铁车站公安签收处理。

4. 食品与易腐物品

①食品与易腐物品不移交失物处理中心，由车站自行处理。

②有包装的食品保管期限为72小时，如无人认领由车站自行处理。

③无包装的食品及易腐物品（如肉类、蔬菜等），保管到当天关站时由车站自行处理。

四、遗失物品的认领流程

1. 一般遗失物品的认领流程

①认领人提供失物的名称、遗失地点、遗失时间；

②认领人提供两项以上最能表现失物特征的证明，如特征相符，由至少两名车站运营管理人员共同确认并且办理认领手续；

③认领人需凭本人身份证或其他有效身份证明办理认领手续，认领时要求认领人如实填写相关资料，并由双方在失物登记本上签名确认。

2. 现金的认领流程

①遗失在车站的现金，能及时找到失主的，按一般失物认领流程办理认领手续。其他情况下，现金的认领一律在失物处理中心办理。

②乘客认领现金时，确认认领人身份后方可办理认领手续，双方在失物登记本上做好登记签收后，及时与失主办理交接。

③认领现金时，失物登记本认领事项中的经办人必须是车站站长或值班站长签名方为有效。

拓展阅读

上海地铁官网上线"失物招领"功能

为提升服务质量，提高管理水平，针对"失主寻物不便，失物无人认领"的现象，上海地铁实现了乘客自助挂失寻物功能。

上海地铁运营公司在上海地铁官网运营网页（电脑版、手机版）同步上线"失物招领"功能。乘客在地铁内遗失物品后，可第一时间在上海地铁官网运营专页上自助挂失、自助查询。该功能将通过大数据分析，信息自动化对比，自动识别、匹配乘客挂失物品和车站捡拾、乘客上交的遗失物品，提高寻找遗失物品的效率。

"失物招领"功能上线后,车站捡拾到遗失物品或收到乘客上交的遗失物品后,将相关物品信息统一录入官方平台管理。乘客在地铁内遗失物品,可第一时间在上海地铁官网上进行自助挂失,后台将把乘客报失物品信息和管理平台内遗失物品信息在48小时内不间断地进行匹配、比对,并将查询结果用微信或短信的方式通知失主。匹配成功,平台将通知失主到相应车站辨认,如确认是失主遗失物品,车站将在办理相关手续后让乘客领取失物。

项目 7
班后管理

任务 1 班后准备

扫码查看
项目资源

学习目标

1. 知识目标：
- 了解车站班后管理制度；
- 了解车站班后准备工作；
- 熟悉车站班后各岗位职责。

2. 技能目标：
- 熟悉车站班后准备的工作事项、各项工作要求；
- 掌握车站日常班后准备工作内容涉及的任务操作；
- 掌握班后准备工作实施涉及的设备操作。

3. 素质目标：
- 遵守交接班管理制度；
- 坚持廉洁自律，每一分钱款都交接清楚；
- 强化规范作业理念，准时完成地铁车站班后准备工作。

发布任务

车站完成运营工作后，需要做好班后准备工作，包括票卡结算、客服中心岗结算、乘客事务交接、工作日报等工作，各岗位必须做好班后交接方可结束当天的工作。

落实任务

1. 票卡结算

(1) 票卡清点。

请想一想，下列哪些内容是票卡结算必须要清点的？请在横线上作答。

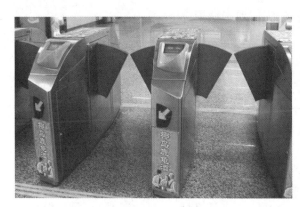

(2) 请绘制票卡结算流程图。

(3)请根据清点结果填写相关表格、完成票卡结算。

①TVM 清点记录表。

TVM 清点记录表

NO.

_____号线　　　_____站　　　单位:元　　　清点时间:　　　年　月　日

TVM编号	硬币回收箱				纸币回收箱				硬币找零箱				纸币找零箱				小计(7)=(1)+(2)+(4)+(6)	补币金额
	钱箱号	显示金额	实点金额(1)	差额(+/−)	钱箱号	显示金额	实点金额(2)	差额(+/−)	钱箱号	显示金额	实点金额(3)	差额(+/−)	钱箱号	显示金额	实点金额(5)	差额(+/−)		
合计	—				—				—				—					

TVM 清点合计(8)		补币合计(9)		TVM 票款收入(10)=(8)−(9)	
备注					
清点人员1		员工号		清点人员2		员工号	

一式两联:第一联——票务中心;第二联——车站。

②车站售、存票卡日报。

车站售、存票卡日报

NO. 00000001

_____号线_____站　　单位:张　　　　　　　　　年　月　日

票卡类型	上日结存	增加栏(+)					减少栏(-)							本日结存	实际清点数
		接收数	站间调入	闸机回收	乘客退票	其他	站间调出	用于AFC测试	上交数	废票	TVM出售	BOM出售	其他		
普通单程票															
废票															
储值票															
预赋值单程票2元															
预赋值单程票3元															
预赋值单程票4元															
预赋值单程票5元															
应急纸票															
本站进出卡															
客运值班员				值班站长			备注								
员工号				员工号											

一式两联:第一联——票务中心;第二联——车站。

③TVM补币记录本。

TVM 补币记录本

单位:元　　　　　　　　　　　　　　　　　　　　　　　　　年　月　日

序号	TVM编号	硬币找零箱编号	硬币补币金额(1)	5元纸币找零箱编号	5元补币金额(3)	10元纸币找零箱编号	10元补币金额(2)	小计(4)=(1)+(2)+(3)	补币操作人及工号	补币监督人及工号
	补币合计									

④备用金使用记录本。

备用金使用记录本

单位:元

变动日期	变动原因	原有金额	财务调整(+/−)	银行兑零(+/−)	借入/出(+/−)	其他差额(+/−)	现有金额	总差额(+/−)	客运值班员	值班站长	备注

⑤客运值班员交接班簿。

客运值班员交接班簿

交班人姓名	值班员		交班人工号	值班员		交班时间	年 月 日
	值班站长			值班站长			时 分

解行金额/元	票款/元	备用金/元			
		TVM 内部备用金	配给客服中心岗备用金	票务室备用金	合计

客服中心岗补短款金额		备用金中含机币___个,假币___个,多币___个,少币___个,外币___个,残币___元,其他___个					
本班配出/回收备用金情况	本班配出/增配	配出值班员	客服中心岗	预收票款	本班回收	回收值班员	客服中心岗
TVM 补币		—	—	—		—	—
票盒1							
票盒2							
票盒3							
票盒4							
票盒5							
票盒6							
合计						—	—

⑥优惠票卡售卖登记簿。

优惠票卡售卖登记簿

车站：

日期	时间	姓名	证件种类	证件编号	票卡类型	售卖张数	经办人签名	备注

⑦车站票卡、票据交接明细。

车站票卡、票据交接明细

NO. 00000001

_____号线_____站　单位：张　　　　　　　　　年　月　日

项目	数量	起号	止号	交接原因

发出单位：_____　经办人：_____　工号：_____

接收单位：_____　经办人：_____　工号：_____

客运值班员：_____　工号：_____

值班站长：_____　工号：_____

　一式两联：第一联——票务中心；第二联——车站。

2. 客服中心岗结算

客服中心岗结算单

NO. 00000001

_____号线_____站_____班　　　　　　　_____年_____月_____日

BOM 编号及上岗时间：

配备备用金金额/元(1)		确认人		增配备用金金额/元(2)			确认人	
		确认人					确认人	
实点总金额/元(3)				BOM 票款收入/元 (4)=(3)-(1)-(2)				

	票箱号	开窗数/张	关窗数/张	免费出站票/张	废票数/张	售出数/张	售出金额/元
普通单程票							
	小计/元(5)						

	票价/元	开窗数/张	关窗数/张	废票数/张	售出数/张	售出金额/元
预赋值单程票	2					
	3					
	4					
	5					
	小计/元(6)					

	票种	票价/元	开窗数/张	关窗数/张	售出数/张	售出金额/元	充值金额/元	小计/元
其他车票	储值票							
	应急纸票							
	小计/元(7)							

备注				备品备件交接情况	

客服中心岗		员工号		客运值班员		员工号	

3. 乘客事务交接

乘客事务处理单

NO. 00000001

_____号线_____站　　　　　　　　　年　月　日　　时间：_____

事件详情	处理结果
付费区	
（　）单程票（　）储值票（　）城市通卡 （　）出站闸门被误用 （　）票卡无效不能出闸 （　）乘客票卡超时 （　）乘客遗失车票 （　）乘客票卡过期	（　）收取现金_____元 （　）更新票卡 （　）发售_____元付费出站票_____张 （　）发售免费出站票_____张
其他：	处理结果：
非付费区	
（　）单程票（　）储值票（　）城市通卡 （　）TVM_____卡票 （　）TVM_____发售无效票 （　）TVM_____少找币_____元 （　）TVM_____卡币_____元	（　）退回乘客_____元 （　）收取现金_____元
其他：	处理结果：

乘客姓名：_____　　　　　电话：_____

客服中心岗		员工号	
客运值班员及 以上岗位人员确认		员工号	

一式三联：第一联——票务中心；第二联——车站；第三联——乘客。

无效票处理申请表

NO. 00000001

车站：_____ 办理日期：_____ 年 _____ 月 _____ 日

票卡票种：_____ 票卡票面编号：_____

办理内容：

1. 在非付费区办理(　　)

2. 在付费区办理(　　)；乘客从(　　)站进站，发售免费出站票(　　)张，本次乘车费用将在卡内扣除

该栏内容请乘客自行填写：

乘客信息：

姓名：_____ 联系电话：_____

希望办理后续业务的车站：_____

注意事项：

请乘客于_____持本收据到_____站办理。请妥善保管此收据，凡遗失、破损或沾污、字体辨认不清不予办理。不便之处，敬请原谅。

办理人：_____ 员工号：_____

乘客签收：

乘客实际收到：_____ 乘客签名：_____

办理车站：_____ 办理日期：_____ 年 _____ 月 _____ 日

办理人：_____ 员工号：_____

确认人：_____ 员工号：_____

一式三联；第一联——票务中心；第二联——车站；第三联——乘客。

退款申请单

NO. 0000001

申请车站:	发生日期:	设备号:

事情说明	

当班客服中心岗		当班客运值班员		当班值班站长	
员工号		员工号		员工号	

以下内容由查询人员填写

设备查询情况	查询人:
机电中心意见	
后台数据查询情况	查询人:
系统工程师意见	
票务中心意见	

一式两联：第一联——票务中心；第二联——车站。

车站边门登记簿

日期	姓名	证件种类	证件编号	进站人数	出站人数	进/出时间	经办人签名	备注

4. 车站交接

车站票务钥匙交接、盘点本

序号	钥匙名称	钥匙数量/把			总数
		值班站长及以上岗位人员保管	行值保管	客值保管	
1	TVM 门钥匙				
2	纸币回收箱钥匙				
3	纸币回收箱解锁钥匙				
4	纸币找零箱钥匙				
5	纸币找零箱解锁钥匙				
6	硬币回收箱钥匙				
7	硬币回收箱解锁钥匙				
8	硬币补币箱钥匙				
9	票箱钥匙				
10	闸机门钥匙				
11	票务室文件柜钥匙				
12	保险柜门钥匙				
13	钥匙柜门钥匙				

续表

序号	钥匙名称	钥匙数量/把			总数
		值班站长及以上岗位人员保管	行值保管	客值保管	
14	解行箱钥匙				
15	车票回收箱钥匙				
16	客服中心钥匙				
17	边门钥匙				
18	票务室门钥匙				
19	配票箱钥匙				
20	临时票亭钥匙				
合计	—				
盘点日期		盘点人		确认人	

评价反馈

评分项目	分值	自我评价得分	教师评价得分
工作页已完成(全部完成10分,其余0分)	10		
了解班后准备工作流程和内容	10		
掌握票卡结算流程和技能操作	10		
掌握乘客事务交接	10		
掌握班后交接盘点	10		
总分			

任务2 关站

学习目标

1. 知识目标:
- 了解车站布局;
- 了解车站运营时间相关信息;
- 熟悉车站岗位职责;
- 掌握车站日常关站作业流程。

2.技能目标:
- 熟悉车站内部结构及设备设施的数量、位置、状态等情况;
- 熟悉车站日常关站作业流程及作业内容;
- 仔细认真做好清站工作;
- 正确关闭车站设备。

3.素质目标:
- 遵守安全至上原则,深刻认识到小错误可能导致大灾害;
- 坚守岗位职责,不偷懒,防微杜渐;
- 强化时间观念,准时完成地铁车站关站作业内容。

发布任务

地铁车站是地铁系统客运服务最重要的基础设施,地铁车站关站管理是车站日常管理的必要组成部分,掌握关站程序是本次任务的重要内容。下图为某地铁车站结构示意图。首先,教师引导学生分析车站内部结构,了解车站出入口数量及位置,车站电扶梯分布情况,车站闸机、自动售票机、自动充值机分布情况;其次,分小组、分角色演练地铁车站关站作业流程。

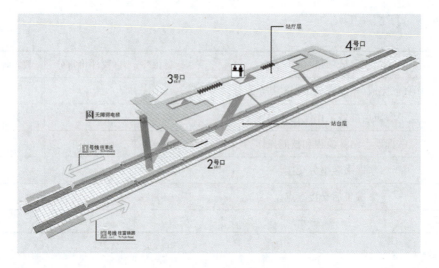

落实任务

(1)了解车站运营时间相关信息。

①车站运营时间:

②车站换乘末班车时刻表:

(2)了解车站设备设施情况。

序号	设备设施名称	设备设施情况说明(数量和位置)
1	车站出入口	
2	电扶梯	
3	垂直电梯	
4	自动售票机	
5	自动充值机	
6	闸机	

(3)岗位分配。

序号	岗位名称	工作内容	姓名
1	值班站长		
2	行车值班员		
3	客运值班员		
4	站台岗		
5	厅巡岗		
6	售票岗		
7	保洁员		

(4)按照车站关站作业流程,将以下选项填入表格中,完成车站关站工作。

a. 关闭自动售票机,通知各岗位,各岗位人员需要告知乘客相关信息,停止该方向售票。

b. 关停扶梯。

c. 确认清站、出入口关闭,扶梯、照明、自动售票机关闭。

d. "尾班车预告"广播,每5分钟播放一次。

e. 关闭车站大系统。

f. 关闭出入口和连通地面的升降梯,出入口卷帘门需要用地锁时注意加锁。

g. 根据电调命令,执行相应的照明、导向模式。

h. 到公共区进行尾班车服务工作。

i. 检查车站的各个角落,保证站内无乘客及车站以外人员。

j. "尾班车进站"广播,播放两次。

序号	时间	责任人	内容
1	尾班车发出前 30 min	行车值班员	
2	尾班车进站前 1 min		
3	末班载客列车服务时间前 15 min	值班站长	
4	末班载客列车服务时间前 5 min	行车值班员	
5	末班车开出		
6	末班载客列车开出后 15 min	值班站长	
7	末班载客列车开出 30 min 内		
8	末班载客列车结束前 30 min 内	行车值班员	
9	运营结束后		
10		值班站长	

评价反馈

评分项目	分值	自我评价得分	教师评价得分
工作页已完成（全部完成 10 分，其余 0 分）	10		
了解车站布局	10		
了解车站运营时间相关信息	10		
熟悉车站岗位职责	10		
掌握车站日常关站作业流程	10		
总分			

参 考 文 献

[1] 裴瑞江. 城市轨道交通客运组织[M]. 3版. 北京:机械工业出版社,2021.
[2] 冶海英,李飞燕. 城市轨道交通客运组织[M]. 北京:人民交通出版社,2017.
[3] 刘菊美,韩松龄. 1+X职业技能等级证书配套教材 城市轨道交通站务[M]. 北京:高等教育出版社,2022.
[4] 张秀媛. 城市轨道交通客运管理[M]. 北京:北京交通大学出版社,2012.
[5] 任萍. 城市轨道交通运营安全管理[M]. 2版. 北京:机械工业出版社,2020.
[6] 慕威. 城市轨道交通客运组织[M]. 青岛:中国石油大学出版社,2015.
[7] 胡兴丽,徐敏. 城市轨道交通行车组织与实训指导[M]. 北京:北京交通大学出版社,2016.
[8] 张洪满,黄体允. 城市轨道交通站务管理[M]. 北京:化学工业出版社,2016.
[9] 颜月霞. 城市轨道交通行车组织基础[M]. 北京:人民交通出版社,2014.
[10] 管莉军. 城市轨道交通票务管理[M]. 北京:人民交通出版社,2018.
[11] 于涛. 城市轨道交通票务管理[M]. 3版. 北京:人民交通出版社,2021.
[12] 任义娥. 城市轨道交通客运服务[M]. 北京:人民交通出版社,2017.
[13] 付婷. 城市轨道交通车站集散能力瓶颈识别[D]. 北京交通大学,2014.
[14] 曾敏. 城市轨道交通客流导向标识系统研究[D]. 深圳大学,2015.
[15] 蔺钦. 城市轨道交通车站客流导向标识系统评价与优化研究[D]. 长安大学,2018.
[16] 韩阔. 地铁动态拥挤指数理论与计算方法研究[D]. 北京交通大学,2020.
[17] 张文文. 城市轨道交通运营突发事件客流疏散策略研究[D]. 中国铁道科学研究院,2020.
[18] 于恒. 基于火灾动力学与人群疏散模拟的地铁车站火灾安全疏散问题研究[D]. 华南理工大学,2020.